Mediatoren in der Hauptrolle – Mediation verstehen und aktiv steuern

Andrea Hartmann-Piraudeau

Mediatoren in der Hauptrolle – Mediation verstehen und aktiv steuern

Andrea Hartmann-Piraudeau
CONSENSUS GmbH
Stuttgart, Deutschland

ISBN 978-3-658-31037-0   ISBN 978-3-658-31038-7   (eBook)
https://doi.org/10.1007/978-3-658-31038-7

Die Deutsche Nationalbibliothek verzeichnet diese Publikation in der Deutschen Nationalbibliografie; detaillierte bibliografische Daten sind im Internet über http://dnb.d-nb.de abrufbar.

© Der/die Herausgeber bzw. der/die Autor(en), exklusiv lizenziert durch Springer Fachmedien Wiesbaden GmbH, ein Teil von Springer Nature 2020
Das Werk einschließlich aller seiner Teile ist urheberrechtlich geschützt. Jede Verwertung, die nicht ausdrücklich vom Urheberrechtsgesetz zugelassen ist, bedarf der vorherigen Zustimmung des Verlags. Das gilt insbesondere für Vervielfältigungen, Bearbeitungen, Übersetzungen, Mikroverfilmungen und die Einspeicherung und Verarbeitung in elektronischen Systemen.
Die Wiedergabe von allgemein beschreibenden Bezeichnungen, Marken, Unternehmensnamen etc. in diesem Werk bedeutet nicht, dass diese frei durch jedermann benutzt werden dürfen. Die Berechtigung zur Benutzung unterliegt, auch ohne gesonderten Hinweis hierzu, den Regeln des Markenrechts. Die Rechte des jeweiligen Zeicheninhabers sind zu beachten.
Der Verlag, die Autoren und die Herausgeber gehen davon aus, dass die Angaben und Informationen in diesem Werk zum Zeitpunkt der Veröffentlichung vollständig und korrekt sind. Weder der Verlag, noch die Autoren oder die Herausgeber übernehmen, ausdrücklich oder implizit, Gewähr für den Inhalt des Werkes, etwaige Fehler oder Äußerungen. Der Verlag bleibt im Hinblick auf geografische Zuordnungen und Gebietsbezeichnungen in veröffentlichten Karten und Institutionsadressen neutral.

Planung/Lektorat: Eva Brechtel-Wahl
Springer ist ein Imprint der eingetragenen Gesellschaft Springer Fachmedien Wiesbaden GmbH und ist ein Teil von Springer Nature.
Die Anschrift der Gesellschaft ist: Abraham-Lincoln-Str. 46, 65189 Wiesbaden, Germany

Vorwort

Dieses Buch richtet sich an Leser, die sich mit dem Thema Mediation, Verhandlung und anderen Methoden zur Konfliktklärung beschäftigen.
Vielleicht geht es Ihnen wie mir, Sie haben langjährige Mediationspraxis, Erfahrung aus unterschiedlichen Mediationen und eine Intuition für Verhandlungen. Dennoch fragen Sie sich nach manchen Verfahren, warum die Medianten in dieser oder jener Weise reagiert haben und was Sie hätten anders oder besser machen können? Oder Sie interessieren sich für die unbewussten psychologischen Effekte hinter den Handlungen und haben Lust, Ihre Praxis durch vertieftes Wissen zu bereichern? Vielleicht ist Mediation aber auch ein neues Feld für Sie – Sie sind Anfänger und möchten gleich tiefer einsteigen. Sie interessieren sich für die Wirkung der Mediation, Methoden und Handwerkszeug?
Was dürfen Sie von der Lektüre erwarten? Dieses Buch soll einen Überblick über das Verständnis der Mediation geben, so wie sie in westlichen Gesellschaften praktiziert wird. Dabei werden die Prinzipien der Mediation genauso betrachtet, wie ein typischer Ablauf und die Rolle des Mediators. Das ist die Grundlage. Für die Kollegen und Kolleginnen mit Berufserfahrung ist das erstmal nicht alles neu. Ich habe an einigen Stellen jedoch etwas tiefer gegraben, tradierte Definitionen neu beleuchtet und Beispiele gesucht, sodass der Spaß an der Wiederholung von altem Wissen hoffentlich erhalten bleibt und neue Erkenntnisse gewonnen werden. Die Newcomer der Verhandlung und Mediation bekommen einen Überblick darüber, was hinter dem Begriff Mediation steckt und welche Methoden und Haltungen damit verbunden sind.
Im zweiten Teil des Buches geht es um Wirkungen in der Mediation. Das ist, so hoffe ich, für alle Leser neu. Was ist eigentlich mit Commitment und Empowerment in einer Mediation gemeint und wie können diese Interventionen sinnvoll eingesetzt werden? Wie wirken sich Emotionen und Kritik auf den

Mediationsverlauf aus und welche Empfehlungen ergeben sich daraus aus der Mediationspraxis?

Der Anhang ist eine Sammlung hilfreicher Materialien für die Mediationspraxis. Die Vorlagen stehen Ihnen zusätzlich zum Download bereit.

Die Grundlage dieses Buches ist eine wissenschaftliche Arbeit, für die ich empirische, qualitative und quantitative Methoden verwendet habe. Im Hintergrund liegen viele Zahlen, statistische Betrachtungen und Korrelationsberechnungen. Gerne stelle ich jedem, der sich tiefer für die Ergebnisse interessiert, die wissenschaftlichen Dokumentationen und Interpretationen zur Verfügung. Dieses Buch soll jedoch zum Lesen sein. Ich verzichte auf Statistiken und bemühe mich, die Ergebnisse interessant, übersichtlich und anschaulich zu beschreiben.

Andrea Hartmann-Piraudeau

Abstract

Die Grundidee der Mediation – die Einschaltung eines Dritten bei Streitigkeiten zwischen zwei oder mehreren Konfliktparteien mit dem Ziel der einvernehmlichen Beilegung – existiert seit einigen tausend Jahren. Trotz der Popularität, die das Verfahren auch seit bekannten öffentlichen Prozessen erlebt, Mediationsausbildungen, die wie Pilze aus dem Boden sprießen, und eine Gesetzgebung, die sich in einem Mediationsgesetz des außergerichtlichen Einigungsverfahrens angenommen hat, existieren nur vereinzelte empirische Erhebungen und vergleichsweise wenig wissenschaftlich fundierte Literatur.

Die psychologische Wirkung der Mediation lässt sich bis heute nicht angemessen aus empirischer Evaluationsforschung beschreiben. Dafür liegen nicht ausreichend differenzierte und methodisch gute Evaluationsstudien vor. Gelehrt und praktiziert wird vorwiegend nach dem pädagogischen Ansatz „Lernen durch Handeln" (learning by doing): Etabliert hat sich, was zu funktionieren scheint.

Mediation wird überall dort eingesetzt, wo Interessensunterschiede bestehen. Durch den von einem Mediator geleiteten Dialog, so die Erwartung der Beteiligten, sollen tragfähige Lösungen gefunden werden. Wer Mediation als Mittel der Konfliktklärung wählt, der strebt eine außergerichtliche, selbstbestimmte Lösung seines Konflikts an. Der Mediator spielt in diesem Prozess die Rolle des Vermittlers, des Moderators, des Verfahrensleiters. Er, so das gängige Verständnis von Mediation, schlägt keine Lösungen vor und bewertet die von den Parteien erarbeiteten Lösungen nicht. Er ist kein Richter, kein Schlichter und kein Coach oder Therapeut. Dennoch sind die Interaktionen und Interventionen des Mediators richtungsweisend für den Prozess. Er lenkt den Gesprächsverlauf, er interveniert bei Unklarheiten, er bestimmt die Tiefe des Gesprächs durch seine Fragen und seine Beharrlichkeit. In der Literatur wird von der Haltung des Mediators gesprochen, die entscheidend sei für den Prozessverlauf und dessen

Ausgang. Zahlreiche Empfehlungen für das Verhalten des Mediators in den Phasen der Mediation, sind in den Lehrbüchern zu finden.

Wie wirken sich bestimmte Interventionen und Handlungen des Mediators konkret auf das Verhalten der Medianten und den Verhandlungsverlauf aus? Gibt es einen messbaren Zusammenhang zwischen dem Verhalten des Mediators und dem Verfahrensverlauf?

Da *die* Interventionen und *das* Verhalten von Mediatoren nicht in allen möglichen Ausprägungen untersucht werden können, fokussiert sich dieses Buch auf vier unterschiedliche und relevante Felder der Vermittlung eines Mediators: Commitment, Empowerment, Umgang mit Emotionen und Kritik.

Diese Untersuchungsfelder greifen häufig verwendete, jedoch unzureichend untersuchte Interaktionen in der Mediation auf. Der Mediator steht dabei in der „Kommunikationskette" an unterschiedlicher Stelle:

Von Commitment wird vorwiegend in der ersten Phase der Mediation gesprochen. Der Mediator erfragt die Zustimmung der Beteiligten am Prozess. Die weitreichende, nicht empirisch belegte Annahme ist, dass ein Commitment der Beteiligten zu Beginn des Prozesses eine positive Auswirkung auf den Verfahrensfortgang habe. Im ersten Kapitel dieses Buches schaue ich mir das genauer an. Welchen Effekt hat ein vom Mediator eingefordertes Commitment der Parteien auf deren Verhalten und den Verhandlungsverlauf? Und was ist überhaupt ein Commitment?

Empowerment ist in aller Munde. Der Großteil der Literatur über den Einsatz von Empowerment als Intervention in einer Mediation preist diese bestärkende Kommunikation als eine vielversprechende, positive Verstärkung der Selbstbestimmung der Beteiligten an. Was genau mit Empowerment jedoch gemeint ist und wie der Einsatz im Verfahren gelingt, darüber ist wenig Konkretes in der Literatur zu finden. So bleibt der Begriff häufig unscharf. Noch unbestimmter ist, wie genau Beteiligte auf Empowerment reagieren und welche Wirkung ein bestärkender Mediationsstil auf das Verfahren hat. Meine Forschung dazu, hat überraschende Resultate gezeigt, die ich im Kap. 2 diskutiere.

In Mediationen geht es darum, die Interessen hinter den Positionen zu finden. Interessen sind mit Emotionen verbunden. In einem Mediationsprozess ist es daher nicht nur unvermeidlich, sondern auch wünschenswert, dass Emotionen zur Sprache kommen und bearbeitet werden. Der Mediator ist als Verfahrensleiter verantwortlich dafür, in welcher Form Emotionen zur Sprache kommen und ob und wie sie geäußert und von den Beteiligten verstanden werden. Emotionen nehmen unterschiedliche Qualität und Intensität an. In dieser Arbeit werden folgende Emotionen untersucht: Ärger und Zuversicht. Anders als bei den Interventionen Empowerment und Commitment werden Emotionen in der Regel nicht vom Mediator induziert. Ärger und Zuversicht entstehen als Gefühle bei den Beteiligten und werden von diesen zum Ausdruck gebracht. Der Mediator hat je nach Situation unterschiedliche Verhaltensalternativen. So kann er z. B. emotionale Äußerungen unkommentiert im Raum stehen lassen, er kann Gefühlsäußerungen in der Mediation aufgreifen und sie verbal verstärken oder abschwächen und er kann geäußerte Gefühle der Probanden hinterfragen, um an die Quelle der Emotion zu kommen. Die Forschungsfrage in dieser Arbeit ist: Welche Auswirkungen haben die von einem Probanden geäußerten Emotionen Ärger und Zuversicht auf den Verhandlungspartner und den Verhandlungsverlauf, wenn der Mediator die Emotion aufgreift und benennt, jedoch nicht aktiv bearbeitet.

Die letzte Frage bezieht sich auf eine kritische Intervention des Mediators. In der Literatur und dem Selbstbild vieler Mediatoren agieren diese stets neutral, inhaltlich zurückhaltend und wertschätzend. Was passiert jedoch, wenn ein Mediator diese Linie verlässt? Vielleicht aus eigener Unbeherrschtheit, vielleicht als geplante Intervention. Wenn der Mediator Kritik äußert am Verfahren, am Verhalten der Probanden, beeinflusst das den Ausgang des Verfahrens und das Verhalten der Beteiligten?

Die Wirkungsketten der Mediation zu verstehen ist relevant, für alle, die sich für Konfliktklärung interessieren. Als Mediatoren praktizieren und sich mit Konfliktforschung beschäftigen. Konflikte werden in unserer Gesellschaft immer weniger über Macht geklärt werden. Diese Entwicklung zeigt sich in unterschiedlichen Felder des gesellschaftlichen Lebens. So gibt es heute kaum noch ein Großprojekt, das nicht Proteste hervorruft. Nur wenn die Verantwortlichen es schaffen, zu Beginn solcher Vorhaben in den Dialog mit den unterschiedlichen Interessensgruppen zu treten, ist eine weitgehend störungsfreie Umsetzung wahrscheinlich. Auch in Unternehmen werden Organisations- und Projektstrukturen zunehmend flacher. Teams arbeiten selbstbestimmter und flexibler. Eine „Kommandostruktur", wie sie noch vor einigen Jahren vom Management gelebt wurde, verschwindet. Manager werden zu Führungskräften. Sie ordnen nicht mehr an, sondern treten in den Dialog mit ihren Mitarbeitern. Diese Entwicklungen erfordern neue Konfliktklärungstechniken. Mediation ist eine davon. Sie setzt auf selbstbestimmte Verfahren und Lösungen und fördert den Dialog. Der Fokus richtet sich auf die Interessen der Beteiligten. Es wird nicht über Macht entschieden, es wird nicht nach *der* Wahrheit gesucht, sondern versucht, Verständnis für die Bedürfnisse der anderen herzustellen und gemeinsame Lösungen zu entwickeln.

Mediation wird nicht nur zur Klärung akuter Konflikte eingesetzt, sondern auch als konfliktprophylaktisches Verfahren. Der Ansatz der transformativen Mediation (s. u.) z. B. verfolgt das Ziel, durch die Teilnahme am Verfahren den Parteien Konfliktklärungsinstrumente an die Hand zu geben, um folgende Konflikte konstruktiv zu bearbeiten. Es existieren beispielsweise Projekte, Mediation in anderen Ländern und Kulturkreisen bekannt zu machen und als friedenbringendes Konfliktklärungsinstrument einzuführen, in der Hoffnung eine neue Dialogkultur zu säen und Konflikteskalation zu vermeiden.

Auch als sinnvolle Alternative zu gerichtlichen Verfahren wird Mediation immer populärer. In der gerichtlichen Klärung wird über rechtlich relevante Positionen entschieden. Das geht meistens damit einher, dass eine Partei gewinnt, die andere verliert. Besteht die Beziehung der Beteiligten weiter (z. B. bei Familienprozessen), führt eine Rechtsprechung in den wenigsten Fällen zur Befriedung der Konflikte. Die Beziehung ist weiterhin belastet und häufig der grundlegende Konflikt nicht geklärt, da längst nicht alle Aspekte eines Konflikts auch rechtsrelevant sind (z. B. unterschiedliche Meinungen zu Erziehungsfragen nach einer Trennung). In anderen Ländern wird Mediation zur Entlastung der Gerichte eingesetzt. In Indien z. B. kann man bei einem Rechtsstreit über kleine bis mittelschwere Delikte aufgrund der Überlastung der Gerichte nicht zu Lebzeiten mit einem Prozess rechnen. Hier entstehen immer mehr Mediationsplattformen (auch online), um Menschen einen Zugang zu einem außergerichtlichen Lösungsverfahren zu eröffnen.

Mediation wird in unterschiedlichen gesellschaftlichen Bereichen eingesetzt: in der Familie, innerhalb von Organisationen, im Konflikt zwischen Organisationen, bei der Planung von Infrastrukturprojekten, in der Nachbarschaft, bei Unternehmensübergaben und Erbkonflikten, bei der Vermittlung zwischen Länderinteressen, bei Friedensdialogen, im interkulturellen Kontext, bei Täter-Opferverhandlungen, bei Schadenersatz- und Versicherungsverhandlungen, zwischen Bürgern und Behörden, an Schulen und in ehrenamtlichen Bereichen. Diese Aufzählung ist nicht abschließend. Immer wieder werden neue Formen und Zielgruppen der Mediation entdeckt. So ist ein neuer (in Amerika bereits verbreiteter) Zweig die Elder Mediation (Mediation mit alten Menschen) und eine neue Methode, die Online-Mediation und die Mediation im virtuellen Raum.

Der Einsatz von Mediation ist weit verbreitet, die Erforschung seiner Wirkung jedoch steckt noch in den Anfängen. Wenn Mediation eine Möglichkeit der Klärung von Konflikten unserer Zeit ist, dann tragen Mediatoren eine Verantwortung: Im Kleinen, bei der Klärung der akuten Konflikte, und im Großen, bei der Gestaltung und Etablierung einer neuen Form des gesellschaftlichen

Dialogs. Sie sollten wissen, was sie tun. Sie sollten wissen, welche Interventionen sie wann einsetzen und welche Wirkung diese haben. Mit meiner Forschung und der Veröffentlichung der Ergebnisse, möchte ich einen Betrag dazu leisten, dieses relevante Feld der Mediation durch wissenschaftliche Erkenntnisse zu stärken und Handlungsempfehlung für Mediatoren aus den Ergebnissen abzuleiten.

Bei der Betrachtung der Wirkungsmechanismen der Mediation sind hauptsächlich die Forschungsfelder Mediation und Verhandlung berührt. Mediation hat sich aus der Verhandlung entwickelt. Sie kann als eine spezielle Form der Verhandlung eingeordnet werden. Da sie jedoch stärker als andere Verhandlungsformen ein eigenes Profil mit eigenen Standards, Richtlinien und sogar einem Mediationsgesetz entwickelt hat, wird sie in der Wissenschaft und der Literatur immer häufiger eigenständig betrachtet. Dennoch existiert weit mehr Forschung zu Verhandlungen als zu dem deutlich jüngeren Verfahren der Mediation. Insbesondere zu den Wirkmechanismen der Interventionen von Verhandelnden oder Verhandlungsleitern liegen in der Verhandlungsforschung einige wissenschaftliche Studien vor. In der Mediationsforschung sind dazu nur wenige Veröffentlichungen zu finden. Ein weiteres Forschungsfeld wird gestreift: die Psychologie. Es wird die Wirkung sozialer Interaktion untersucht. Somit spielen Auslöser von Verhaltensweisen und psychologische Muster eine Rolle.

Um eine gemeinsame Lesegrundlage zu schaffen, beginne ich dieses Buch mit einer Beschreibung des Verfahrens der Mediation bevor ich mich nacheinander der Wirkungen von Commitment, Empowerment, Ärger und Zuversicht und Kritik in der Mediation widme.

Inhaltsverzeichnis

1	**Mediation**.	1
	Literatur.	15
2	**Verhandlung als Teil der Mediation**	17
	Literatur.	26
3	**Psychologische Effekte in der Mediation und die Rolle des Mediators**.	29
	3.1 Commitment	29
	3.2 Handlungsempfehlung für die Praxis.	35
	3.3 Empowerment	38
	3.4 Emotionen Ärger und Zuversicht.	48
	3.5 Kritik und eigene Emotion des Mediators	61
	Literatur.	67
4	**Zusammenfassung**.	73
	Anhang: Nützliches Material für die Praxis.	77

Mediation 1

Am 21. Juli 2012 ist das Mediationsgesetz in Deutschland in Kraft getreten und gibt der Mediation damit einen rechtlichen Rahmen als festen Bestandteil der deutschen Rechtsordnung. Im Gesetz sind unter § 1 die Wesensmerkmale der Mediation definiert:

- die Verfahrensqualität
- das Ziel einer einvernehmlichen Konfliktbeilegung
- die Freiwilligkeit der Beteiligung am Verfahren
- die Eigenverantwortlichkeit bei der Erzielung von Lösungen
- die Verfahrensleitung durch einen neutralen Dritten ohne Entscheidungsbefugnis.

Vergleicht man die gesetzliche Beschreibung der Mediation mit der Definition des Bundesverband Mediation fällt auf, dass hier weitere Kriterien genannt werden. Mediation ist ein Verfahren zur außergerichtlichen, konstruktiven Bearbeitung von Konflikten. Mediation ist:

- vertraulich
- strukturiert
- freiwillig
- ergebnisoffen.

Mediatoren sind:

- allparteilich
- unabhängig

© Der/die Herausgeber bzw. der/die Autor(en), exklusiv lizenziert durch Springer Fachmedien Wiesbaden GmbH, ein Teil von Springer Nature 2020
A. Hartmann-Piraudeau, *Mediatoren in der Hauptrolle – Mediation verstehen und aktiv steuern*, https://doi.org/10.1007/978-3-658-31038-7_1

- qualifiziert
- professionell.

Konfliktparteien sind:

- eigenverantwortlich
- an einer konstruktiven Konfliktbearbeitung interessiert
- erarbeiten eigene Lösungen.

In einer Untersuchung über die „Elemente der Mediation" legt Tröndel (Tröndel 2015, S. 211) in einer qualitativen sozialwissenschaftlichen Studie eine Bandbreite vorhandener deutscher Literatur über Mediation zugrunde und untersucht, welche Elemente die Beschreibung der Mediation in der Darstellung dieser Texte umfasst.

Aus den gewonnenen Elementen erstellt er Kategorien. Konsens erzielen alle deutschsprachigen Texte über Mediation hinsichtlich folgender Elemente:

- Vertraulichkeit des Mediators und der Konfliktparteien
- Selbstverantwortung bzw. Selbstbestimmung der Konfliktparteien
- Ziel der Mediation ist, eine einvernehmliche Lösung zu erreichen
- Ziel ist es, die Beziehung der Konfliktparteien zu verbessern
- Ziel ist es, eine win-win Situation herzustellen
- Mediator strukturiert den Konflikt
- Mediator unterstützt die Selbstklärung
- Mediator nimmt eine wertschätzende Haltung ein
- Mediator managt Emotionen
- Mediation hat einen Zukunftsfokus.

Legt man diese drei Definitionen bzw. Beschreibungen der Mediation übereinander, dann ergibt sich folgendes Bild: Mediation ist ein **strukturiertes, in die Zukunft gerichtetes, von einem neutralen/allparteilichen Dritten moderiertes** Verfahren zur **außergerichtlichen Konfliktklärung** mit dem Prinzipien: **Neutralität, Selbstbestimmtheit, Freiwilligkeit, Informiertheit, Vertraulichkeit** das zum Ziel hat, eine **einvernehmliche Konfliktbeilegung** zu erreichen.

Die Felder der Mediation sind vielfältig und reichen von Konfliktklärungen in der Wirtschaft über Beteiligungsverfahren z. B. bei Infrastrukturprojekten. Von Täter-Opfer-Ausgleich zum Ausgleich nach Gewalttaten bis zur Nachbarschaftsmediation, Familienmediation, Erbmediation, innerbetriebliche Mediation,

1 Mediation

Arbeitsplatzmediation bis hin zu Eldermediation unter Senioren, Friedensmediation und Nachfolgemediation z. B. bei Betriebsübergaben. Je nach Feld der Mediation, unterscheidet sich das **Setting**. Von zwei Personen über mehrere Personen mit anwaltlichen Vertretern, Teams, Gruppen von Interessensvertretern, Menschen mit Entscheidungsbefugnis und ohne, Kindern und alten Menschen, Menschen unterschiedlicher Herkunft und Teilnehmenden aus verschiedenen betrieblichen Hierarchiestufen sind viele unterschiedliche Konstellationen denkbar. Die Grundsätze und der prinzipielle Ablauf jedoch bilden eine Konstante zwischen den unterschiedlichen Anwendungsgebieten und Konstellationen.

Ein **strukturiertes** Verfahren erfordert einen Verfahrensablauf. Dieser wird in der Mediation in Phasen unterteilt. Die „Phasen der Mediation" ist ein Fachbegriff, der kulturübergreifend zur Beschreibung des Verfahrens verwendet wird.

Es existieren in der jüngeren Mediationsliteratur unterschiedliche Darstellungen der Phasen des Mediationsverfahrens. Populärer ist die Aufteilung in fünf Phasen. Die Phasen folgen i. d. R. chronologisch aufeinander und zeigen eine „Dramaturgie" des Verfahrens.

Erste Phase: Eröffnungsphase
In dieser Phase macht sich der Mediator ein erstes, grobes Bild vom zu behandelndem Konflikt und den Parteien, um zu beurteilen, ob der Gegenstand und die Parteien überhaupt „mediationstauglich" sind. Die gegenseitigen Erwartungen werden geklärt. Der Mediator betont seine allparteiliche Rolle, um dem häufigen Missverständnis, der Mediator fungiere als Schlichter oder bilde am Ende einen Schiedsspruch, entgegenzutreten. Weitere Grundsätze der Mediation – Vertraulichkeit, Selbstverantwortlichkeit, Informiertheit und Freiwilligkeit (s. u.) – werden erläutert. Sind alle Beteiligten mit den Verfahrensprinzipien einverstanden und hat der Mediator den Konflikt als mediationsgeeignet bewertet, beginnt die organisatorische Vorarbeit: Terminvereinbarungen, Aufklärung über die Kosten des Verfahrens, Abschluss des Mediationsvertrags und der Gebührenvereinbarung.

Zweite Phase: Sachverhalts- und Problemdarstellung
Mit der Bestandsaufnahme beginnt die eigentliche Konfliktbearbeitung. Die Medianten nennen die Themen, die ihnen wichtig sind und die sie gerne im Verfahren bearbeiten möchten. Es folgt die Informationssammlung. Die Aufgabe des Mediators besteht darin, unter Zuhilfenahme verschiedener (Frage-) Techniken, möglichst alle zur Konfliktklärung relevanten Informationen zu sammeln. Er hat dabei u. a. die Möglichkeit, Einzelgespräche zu führen, wenn alle Beteiligten

damit einverstanden sind. Nach Abschluss der Themen- und Informationssammlung folgt die gemeinsame Festlegung der Reihenfolge der genannten Punkte. Mit diesem Schritt ist die thematische Reihenfolge der weiteren Mediation festgelegt.

Dritte Phase: Konflikterhellung
Ein Grundgedanke der Mediation ist, dass hinter jeder geäußerten Position Interessen liegen. Die Interessen sind es, die die Bedürfnisse der Parteien am Tisch ausdrücken und die mit Emotionen verbunden sind. In dieser Phase ist die Aufgabe des Mediators, mit den Medianten diese Interessen und Bedürfnisse herauszuarbeiten. Solche Interessen können z. B. sein: Sicherheit, Freiheit, Anerkennung, Erfüllung der wirtschaftlichen Grundbedürfnisse, Harmonie. Oft ist den Parteien nicht bewusst, welche Interessen hinter ihren Positionen stehen. Das Aufspüren dieser kann zur Selbstreflektion beitragen und für die anderen Partei den Konfliktgegenstand greifbarer machen. Es geht in dieser Phase darum, ein gegenseitiges Verständnis herzustellen und das Bezugs- und Wertesystem der Beteiligten zu identifizieren und für alle Beteiligten verständlich zu machen. Diese Phase wird häufig als das Kernstück der Mediation angesehen und von den Parteien als intensiv und anstrengend wahrgenommen. Gelingt es, die Interessen für alle transparent und verständlich herauszuarbeiten, ist an dieser Stelle häufig ein Wendepunkt der Konfliktklärung zu erleben: Die Kooperation und die gegenseitige Empathie nehmen zu.

Vierte Phase: Lösungssuche
Diese Phase erfordert Kreativität der Medianten und die methodische Kompetenz des Mediators, diese Kreativität freizusetzen. Es werden Lösungs-Optionen gesammelt und diese bewertet. In dieser Bewertungsphase werden unbrauchbare oder für eine Partei nicht akzeptable Lösungen aussortiert und versucht, eine win-win Lösung zu finden. Eine Lösung wird dann als besonders erfolgreich und nachhaltig bewertet, wenn es sich nicht „nur" um einen Kompromiss, sondern um einen Konsens handelt. Ein Kompromiss ist eine Schnittmenge der Interessen der beiden Parteien. Er ist von einem Entgegenkommen geprägt. Die Parteien geben Lösungsoptionen auf, um dafür andere zu bekommen. Der Konsens ist eine Form der Lösungsfindung, bei der alle Parteien ihre Interessen bekommen und keiner etwas für ihn Wichtiges aufgibt. Diese win-win Lösung wird häufig mit dem Bild der „Kuchenvergrößerung" beschrieben oder der Suche nach kreativen Lösungen, die für alle Beteiligten ein Erreichen ihrer Interessen ermöglichen. Am Ende der Phase kann der Entwurf einer Vereinbarung, das sog. Memorandum stehen. Es enthält mögliche Lösungsoptionen, die die Parteien jeweils in Ruhe zu Hause

(rechtlich) überprüfen lassen und durchdenken können. Je nach Konfliktgegenstand und -Umfeld kann es wichtig sein, externen Rat einzuholen und z. B. die rechtliche oder steuerliche Wirksamkeit der Lösung zu überprüfen.

Fünfte Phase: Ergebnissicherung
Nachdem der Entwurf von allen Beteiligten überprüft wurde (mit oder ohne Zuhilfenahme Dritter) und sie sich für gangbare Optionen entschieden haben, wird das gefundene Ergebnis fixiert. Dies kann als (Foto-) Protokoll oder Mediationsvertrag als rechtsgültige Vereinbarung erfolgen. Der Mediator kann den Medianten vorschlagen, eine Abschlusssitzung in ein paar Monaten zu vereinbaren, um die Einhaltung der Ergebnisse zu überprüfen und ggfs. Nachbesserungen in den bestehenden Vertrag einzuarbeiten.

Im Anhang finden Sie Mediationskarten mit Stichpunkten zu den einzelnen Phasen.
  Dieser Ablauf einer Mediation ist der „Lehrbuch-Verlauf". In der Praxis sind zahlreiche Abweichungen davon zu beobachten. Z. B. werden viele Fälle in der Wirtschaft aufgrund von Zeitmangel der Beteiligten an einem Stück verhandelt. Damit verändert sich der Ablauf der letzten Phasen. In anderen Mediationen mit vielen Beteiligten z. B. ist die erste Phase deutlich intensiver, da hier erst einmal geklärt wird, wer eigentlich am Verfahren teilnimmt und welche Entscheidungsmacht die Beteiligten haben. Auch wenn der Ablauf variiert, die Phase der Interessensfindung gehört untrennbar zu einer Mediation und ist wichtiger Teil des Prozesses.
  Die häufig hervorgehobene **Zukunftsorientierung** der Mediation, bezieht sich auf zwei Aspekte. Zum einen wird die Methode der Mediation in diesem Punkt von anderen Methoden der Konfliktbearbeitung abgegrenzt, vor allem zur (Psycho-) Therapie. Auch wenn es in einer Psychotherapie häufig um innere Konflikte geht und diese meist in Einzelsitzungen stattfindet, gib es in der methodischen Vorgehensweise eines Mediators und eines Therapeuten Überschneidungen – z. B. die Art nachzufragen bei Blockaden. Auch die Interessen hinter den Positionen herauszuarbeiten, wird mit ähnlichen Methoden erreicht. Trotz einiger methodischer Überschneidungen ist die Mediation keine Therapie und möchte sich klar davon abgrenzen. Die Zukunftsorientierung ist eine explizite Abgrenzung. Anders als in psychologischen Verfahren, bei denen es häufig darum geht, Themen aus der Vergangenheit zu betrachten, zu reflektieren und zu „heilen", geht es in der Mediation nicht darum, in alten Konflikten, Emotionen und Beziehungen zu forschen. Der Fokus liegt auf dem zukünftigen Umgang mit dem aktuellen Konflikt. Das Vorgehen ist lösungsorientiert.

Wenngleich ich anmerken möchte, dass häufig erst das Verstehen der Tiefenstruktur eines Konfliktes die Teilnehmer dazu befähigt, eine gemeinsame Lösung zu entwickeln und es daher nötig sein kann, auch die Vergangenheit zu betrachten, ist dennoch common sense, dass der Fokus im Verfahren auf der Zukunft liegt.

Ein weiterer Aspekt der Zukunftsorientierung ist das erklärte Ziel, durch eine selbstbestimmte, tragfähige Lösung eine Grundlage herzustellen, auf der die Parteien auch in Zukunft miteinander arbeiten, kommunizieren, Geschäfte machen oder umgehen können. Das ist eines der immer wieder aufgeführten Argumente für Mediation. Der Vorteil des Verfahrens wird darin gesehen, dass nicht nur der Konflikt geklärt wird, sondern durch den gemeinsamen und selbstbestimmten Weg der Konfliktklärung eine gemeinsame Basis der zukünftigen Beziehung (wieder) gefunden oder gestärkt wird.

Der **neutrale Dritte** in der Mediation ist der Mediator. Mangels vom Staat zugewiesener Autorität, die beispielsweise ein Richter genießt, ist der Mediator darauf angewiesen, von den Parteien akzeptiert zu werden.

Ausgangspunkt ist eine dem Verfahren zugrunde liegende Vereinbarung, die vor dem Verfahren mit allen Beteiligten geschlossen wird und in der die Neutralität festgeschrieben wird. Es existieren zwei Komponenten der Neutralitätspflicht: die Verfahrensneutralität und die persönliche Neutralität. Die Verfahrensneutralität betrifft Verfahrensentscheidungen. Verfahrensfragen sind im Mediationsvertrag geregelt und werden dort verhandelt, dabei wird der Entscheidungsmaßstab festgelegt. Die Verfahrensneutralität misst sich dementsprechend an einem zuvor festgelegten Maßstab, der vom Mediator eingehalten werden muss, um eine Verfahrensneutralität zu gewährleisten. Verfahrensneutralität ist hier nicht als Passivität oder „relative Neutralität" (Sünderhauf 1997, S. 219) zu verstehen, denn innerhalb des festgelegten Entscheidungsmaßstabs darf der Mediator intervenieren, und es ist u. a. eine seiner Aufgaben, Machtgefälle im Sinne des Verfahrens auszubalancieren. Zum Beispiel hat der Mediator die Medianten gleich zu behandeln, etwa in dem er diesen die gleiche Redezeit zuteilt und dafür sorgt, dass diese die gleichen Informationen erhalten. Er sorgt aber nicht nur für die Einhaltung der Regeln, sondern steuert mittels verschiedener Kommunikations- und Fragetechniken den Prozess der Konfliktlösung, richtet jedoch nicht über eingebrachte Optionen und Lösungen.

Die zweite Komponente der Neutralität bezieht sich auf die persönliche Neutralität. Diese ist nochmals aufzuteilen in äußere und innere Unabhängigkeit sowohl in Bezug auf die Parteien als auch im Hinblick auf das Ergebnis. Der Mediator sollte nicht in Abhängigkeit oder gar in einem verwandtschaftlichen

1 Mediation

oder auch nur „nahen" Verhältnis zu einer der beiden Parteien stehen. Außerdem darf der Mediator auch zum Streitgegenstand keine besondere Bindung oder ein eigenes Interesse haben.

Der Mediator selbst ist dafür verantwortlich die Neutralität zu Beginn sicherzustellen, indem er vor Einleitung des Mediationsverfahrens den Fall ausgiebig unter Neutralitätsgesichtspunkten prüft.

Neutralität kann durch einseitige Sympathie des Mediators für eine und/oder Antipathie gegen eine der Parteien gefährdet sein. Sympathie wird u. a. wahrscheinlicher bei einer vorliegenden Gemeinsamkeit bezüglich der Einstellungen von Personen, Vorlieben und Abneigungen, der politischen Überzeugungen, der Wertorientierungen, der Interessen und anderer für die persönliche und soziale Identität wichtiger Aspekte. Der Mediator kann versuchen, seine professionelle Haltung der Unparteilichkeit zu bewahren, indem er z. B. die Ursachen, die in der Sozialpsychologie für die Personenwahrnehmung beschrieben werden, kennt und sein Verhalten reflektiert.

Mediatoren und Forscher haben vorgeschlagen, Neutralität oder Unparteilichkeit durch den Begriff der Allparteilichkeit zu ersetzen. Den Unterschied sehen sie zwischen einem Unparteiischen, der aus sozialer Distanz beurteilt, und einem allparteilichen Mediator, der mit einer engagierten Führung des Verfahrens, der Herstellung einer positiven Kommunikationskultur und der Vermittlung der Zuversicht, dass eine Verständigung möglich ist, das Verfahren gestaltet. Davon abgeleitet bedeutet eine Allparteilichkeit, dass sich Mediatoren nicht heraushalten: Sie sind aktive Klärungshelfer, die das gegenseitige Verstehen fördern, die den Parteien durch verständigungsorientierte Kommunikation helfen und weiterführende Erkenntnisse vermitteln. Dafür müssen sie selbst inhaltlich nicht Partei ergreifen, sondern sich auf die Rolle als Führer des Verfahrens einlassen. Neutralität, Allparteilichkeit und auch Unparteilichkeit werden in der Literatur oft bedeutungsgleich verwendet und unterscheiden sich semantisch in Nuancen.

Die **Rolle des Mediators** geht über die Neutralität bzw. die Allparteilichkeit hinaus. Nach Ury et al. (1989), einem der Vordenker der Mediation, wie sie heute praktiziert wird, besteht die Aufgabe des Mediators darin, eine Verhandlung am Leben zu erhalten und dadurch gleichzeitig zu verhindern, dass die Parteien anfangen zu kämpfen oder die Lösung an ein autoritäres Verfahren, wie Schlichtung oder Gerichtsprozess, delegieren (und nicht selbstbestimmt handeln).

Andere Autoren sehen den Mediator in der Funktion eines „Übersetzers" und „Überbringers". Das Verhalten von Mediatoren im Prozess der Mediation lässt sich nach diesen Autoren in diesen für eine Mediation relevanten Feldern beobachten (Carnevale und Pruitt 1992, S. 533–564).

1. Die Beziehung zwischen Mediator und Medianten
   Einige Studien legen nahe, dass die Bemühung seitens des Mediators, Vertrauen zu den Medianten aufzubauen, in dem er z. B. das Verfahren und seine Rolle genau beschreibt und die Mediaten im Verfahren wertschätzend behandelt, ein Prädiktor für eine Einigung sei.
2. Die Beziehung der Medianten untereinander
   Mediatoren lenken die Kommunikation der Parteien und können den Parteien dabei helfen, die jeweils andere Position besser zu verstehen. Durch dieses Verstehen wird im besten Fall ein Verständnis für die Interessen des anderen hergestellt und damit die Türe zur Befriedung und Einigung geöffnet.
3. Das Thema der Mediation
   Das Thema, also der „Konflikt" der Mediation, ist zentral und der „Umgang" damit eine wichtige Aufgabe des Mediators. Dazu gehört u. a.: das Thema zu identifizieren, die Agenda der Bearbeitung zu erstellen, die Priorisierung der Themen vorzunehmen, das Interesse dahinter herauszuarbeiten, die Ideen und Vorschläge zur Lösung zu moderieren und Vereinbarungen zu treffen.
   In diesem Feld spielen die Schemata der rationalen Verhandlung eine Rolle, bergen aber auch „Fallen" wie Voreingenommenheit und Manipulationsversuche der Parteien. Je mehr der Mediator darüber weiß und gegensteuern kann, desto ausgewogener gestaltet sich die Verhandlung über Einzelthemen.
4. Die einzelnen Medianten
   Interventionen und Verhalten des Mediators haben Auswirkungen auf die Einlassung der Medianten. Er kann dabei helfen, Hürden im Gespräch zu überwinden, wie z. B. Zugeständnisse zu reformulieren, um einen Gesichtsverlust der Beteiligten zu verhindern. Er hat einen Einfluss auf die Motivation der Parteien und kann durch den Einsatz verschiedener Techniken (z. B. Doppeln, Reframing, aktives Zuhören) Themen für den jeweils anderen verständlich machen.

In der Mediationsdiskussion unterscheidet man zwischen einem aktiven und einem passiven Mediator. Innerhalb zweier extremer Pole, völliger Zurückhaltung und beratenden Agierens, werden unterschiedliche Mediationsstile in der Literatur beschrieben.

Neben einem **integrativen** Stil, der die Teilnehmer dazu motiviert, Lösungen zu finden, einem **„drückenden"** (press) Stil, der die Beteiligten dazu bringen soll, ihre Erwartungen zu senken, einem **kompensatorischen** Stil, der Belohnung für Entgegenkommen der Parteien verspricht, beschreiben verschiedene Autoren den Verhaltensstil: **inaktiv**. Diese Stile bilden Verhaltensstrategien. Folglich ist auch „Nichtstun" in der Rolle des Mediators eine Strategie. Der Mediator hält sich zurück und lässt die Parteien selbst ihren Konflikt aushandeln. In welcher Situation entscheiden sich Mediatoren für eine passive Rolle? Diese Frage stellte eine Studie der Autoren, die zu folgendem Ergebnis kamen: Beurteilt der Mediator das Streitthema und die damit verbundenen möglichen Ergebnisse und Vorteile als eher unbedeutend und nimmt er von vorneherein einen „common ground" für eine Einigung an, bleibt er eher passiv. Die Studie zeigte auch, dass die Medianten im Umkehrschluss einen passiven Stil dann schätzen und akzeptieren, wenn sie das Gefühl hatten, den Konflikt selbst lösen zu können. Sie wünschten sich dann nicht etwa „keinen Mediator", sondern einen zurückhaltenden (Carnevale und Henry 1989, S. 484–492).

Eine weitere Definition unterteilt die Rolle des Mediators in eine evaluative ((be)wertender) Ausrichtung und eine facilitative (fördernder, moderierende) Ausrichtung. Bei der evaluativen Orientierung richtet sich ein Mediator nach mehr oder weniger objektiven Kriterien, die auf rechtlichen Prinzipienstandards und Gepflogenheiten des entsprechenden Gewerbe- oder Industriezweiges oder dem Feld der Mediation basieren. Die facilitative Orientierung basiert auf der Annahme, dass die Konfliktparteien grundsätzlich selbstverantwortlich und in der Lage sind, miteinander eine Lösung zu erarbeiten. Die evaluative Ausrichtung setzt einen Mediator mit Fachwissen im zu verhandelnden Gebiet voraus, die facilitative einen neutralen Dritten, der über geeignete Kommunikationstechnik verfügt.

Die Betonung darauf, dass Mediation ein **außergerichtliches** Verfahren ist, unterstreicht ein wesentliches Merkmal der Mediation und wird von Mediatoren gerne verwendet, um die Vorteile der Mediation gegenüber Gerichtsverfahren zu bewerben.

Die juristische Methode gilt als das herkömmliche Verfahren der Konfliktlösung in unserer Gesellschaft. Eskaliert ein Streit, heißt es nicht selten „wir sehen uns vor Gericht" und nicht etwa „wir sprechen darüber mit einem Mediator". Der Ausspruch, meist als Drohung gemeint, impliziert: Dort (vor Gericht) sehen wir uns und dort wird entschieden, wer Recht und Unrecht hat. Und das ist der Kern des Unterschieds. Es „wird entschieden" ist aus Sicht der Parteien ein fremdbestimmter Vorgang. Es gibt eine Autorität (vor Gericht ist das der Richter), die den Konflikt für die Streitenden entscheidet. Am Ende (von einem Vergleich abgesehen) gibt es einen Gewinner und einen Verlierer in der Sache. Warum sagen wir nicht, „wir sprechen uns vor Gericht" sondern „wir sehen uns vor Gericht"? Weil vor einem Gericht in der Regel nicht mehr miteinander, sondern mittels Dritter (der Anwälte der Parteien) übereinander gesprochen wird. Im Wissen, dass am Ende der Richter die Entscheidung fällt, ist das Bestreben der Parteien, möglichst gute Fürsprecher (Anwälte) zu finden, die im juristischen Code ihren Anspruch formulieren und diesen möglichst wirkungsvoll vortragen. Alles was dabei (verbal) hilft, scheint erlaubt. Gerichtsprozesse sind nicht dazu angelegt, den Parteien zum Frieden schließen zu verhelfen. Es ist im Gegenteil die Regel, dass sich während eines Konfliktes vor Gericht die Gräben der Parteien vertiefen, um am Ende ein möglichst klares Urteil zu fällen. Der Jurist vereinfacht den Sachverhalt und klammert dabei die nicht messbaren Größen (Emotionen) und häufig die Frage nach den Interessen aus. Die Konzentration liegt auf den juristischen Positionen. Da Konfliktparteien der autoritären Entscheidung eines Richters ausgesetzt sind und den Entscheidungsverlauf nur bedingt beeinflussen können, existiert ein beträchtliches Gerichtskostenrisiko.

Die Mediation unterscheidet sich vom juristischen Verfahren vor allem in den für die Mediation definierten Grundsätzen. Sie werden in der Mediationsliteratur und in Mediationsrichtlinien als die **Prinzipien** der Mediation bezeichnet[1].

Neutralität. Der Mediator ist wie auch ein Richter den Parteien gegenüber neutral, der wesentliche Unterschied zwischen den beiden besteht darin, dass der Richter die Autorität und Aufgabe hat, am Ende des Prozesses ein Urteil zu fällen, während der Mediator auch in der Lösungsfindung neutral und allparteilich bleibt, er führt die Parteien zu einer selbstverantwortlichen Lösung.

Selbstbestimmtheit und Freiwilligkeit. Selbstbestimmtheit oder auch Eigenverantwortlichkeit als Grundprinzip in der Mediation bedeutet kurzgefasst, dass die Medianten für die Lösung ihres Problems selbst verantwortlich sind und der Mediator sich auf die Leitung des formellen Verfahrens beschränkt. Das Prinzip umfasst neben der selbstverantwortlichen Themen- und Lösungserarbeitung auch die Bestellung des Mediators, die Festlegung einer Verfahrensform, die Definition der Grundregeln, die zu besprechenden Sachinhalte und die Zusammensetzung des Teilnehmerkreises. Der Mediator steht dabei nur unterstützend zur Seite. Bei der „aktiven" Mediatorenrolle sind die Aufgaben des Mittlers weiter gefasst. Er unterbreitet u. a. Anregungen zur Generierung von Lösungsoptionen, interveniert bei Kommunikationskrisen und sorgt für gegenseitiges Verstehen durch die Offenlegung der Motive hinter den Themen und die Tiefenstruktur der Konflikte.

Eine Vereinbarung, die in Eigenverantwortung der Parteien entworfen und getroffen wurde, bietet Gewähr, dass die Lösung nicht als aufgedrängt erlebt wird, sie wird in der Regel als gerecht empfunden. Da die Vereinbarung selbst von den Parteien gestaltet wurde, entsteht eine Motivation, diese als bindend zu betrachten und einzuhalten.

---

[1]Im Anhang sind die Prinzipien der Mediation grafisch veranschaulicht..

Eng mit dem Thema Eigenverantwortlichkeit ist die Ergebnisoffenheit verknüpft. Sie ist eine notwendige Voraussetzung dafür, eigenverantwortlich handeln zu können. Ergebnisoffenheit bedeutet, dass keine wichtigen Vorentscheidungen getroffen worden sind und möglichst alle Interessen Berücksichtigung erfahren können.

Der Grundsatz der Freiwilligkeit in der Mediation bedeutet, dass alle Parteien aus freien Stücken und ohne äußeren Zwang an einem Mediationsverfahren teilnehmen. Das Freiwilligkeitsprinzip legt die Basis einer offenen Verhandlungsatmosphäre. Entspränge die Teilnahme nicht dem eigenen Willen der Medianten, wäre nicht davon auszugehen, dass sie die innere Bereitschaft entwickelten, selbstverantwortlich und kreativ an einer Lösung zu arbeiten. Es ist jedoch nicht immer klar abzugrenzen, wo die reine Freiwilligkeit aufhört und ein Zwang anfängt. Man spricht z. B. von der faktischen Unfreiwilligkeit, wenn das Machtgefälle der beteiligten Parteien sehr groß ist und eine Partei sich mit der Zustimmung zur Mediation dem Willen des Stärkeren beugt. Ein weiteres oft genanntes Beispiel in der Diskussion um das Prinzip der Freiwilligkeit ist der Täter-Opfer-Ausgleich nach § 46a StGB. Hier hat zwar der Täter die freie Wahl, sich innerhalb des Verfahrens um einen Ausgleich mit dem Opfer zu bemühen, er steht dabei meist aber unter einem immensen inneren moralischen Druck und ist demnach nicht wirklich zum freiwilligen Handeln befähigt. Im Jugendgesetz kann ein Täter zu einem Täter-Opfer-Ausgleich sogar verurteilt werden. Da eine Verurteilung nichts mehr mit Freiwilligkeit zu tun hat, wird in der Gesetzesauslegung vertreten, dass das Gericht eine solche Weisung nur dann aussprechen darf, wenn eine Bereitschaft des Täters im Verfahren bereits erkennbar war (Walter und Hassemer 1997, S. 205).

Informiertheit. Der Grundsatz der Informiertheit der Parteien bedeutet im Wesentlichen, dass alle Parteien über die entscheidungserheblichen Tatsachen und die Rechtslage umfassend informiert sein müssen, um so die Akzeptanz der Entscheidung für die Zukunft zu gewährleisten. Wird die Informiertheit zu Verhandlungsbeginn zum Prinzip erhoben, betrifft dies alle Parteien und bedeutet: Alle relevanten Informationen müssen allen Beteiligten des Verfahrens zur Verfügung gestellt werden. Es richtet sich auch an den Mediator, der dafür Sorge zu tragen hat, dass Entscheidungen auf der Basis ausreichend vorliegender Informationen getroffen werden. Grundsätzlich ist es Aufgabe des Mediators, alle Parteien über alle relevanten Fakten, die ihm vorliegen, zu informieren und allen gleichermaßen Zugang oder Einblick zu entsprechenden Dokumenten zu gewähren bzw. auf den Austausch aller relevanten Informationen zu achten. Es soll eine gemeinsame Ausgangsbasis und größtmögliche Transparenz hergestellt werden. Bei einer Handlung im öffentlichen Bereich treffen mehrere

Konfliktparteien und viele Wirklichkeiten aufeinander. Deshalb ist besonders in solchen Verfahren eine der vorrangigen Aufgaben des Verhandlungsführers, möglichst umfassend alle relevanten Informationen zu sammeln, offenzulegen und sie alle für alle Beteiligten transparent zu gestalten. Existiert im Verfahren ein ungleicher Informationsstand oder eine ungleiche Fähigkeit zur Interpretation der vorgelegten Daten, entsteht ein Datenkonflikt, der sich wiederum ungünstig auf die empfundene Verfahrensgerechtigkeit und das Machtgefälle auswirken kann.

Es gibt umfangreiche psychologische Forschungen darüber, dass die Akzeptanz von Urteilen und Entscheidungen maßgeblich mit der empfundenen Verfahrensgerechtigkeit zusammenhängen, die sich u. a. in den Punkten Nachprüfung der Informationen und Konsistenz im Anlegen von Kriterien festmacht (Bierbauer et al. 1995). Der eigene bessere Informationsstand und überlegenes Expertenwissen können gezielt eingesetzt werden, um die Gegenseite zu überzeugen, und damit entsteht unter Verhandlungsaspekten eine Machtquelle, die zu einem Gefälle zwischen den Parteien führt. (Haft 1992, S. 204).

Vertraulichkeit. Das Vertraulichkeitsprinzip regelt den Umgang mit der Weitergabe von Informationen aus der Mediation. Es besagt, dass Informationen aus dem Mediationsverfahren nur nach Absprache an Dritte bzw. an die Öffentlichkeit gelangen dürfen. Das Vertraulichkeitsprinzip wird im Mediationsvertrag aufgeführt, somit verpflichten sich alle Beteiligten vor Beginn der Mediation im Rahmen der gesetzlichen Möglichkeiten zur Einhaltung. Wichtigster Zweck der Vertraulichkeitsmaxime ist es zu verhindern, dass im Verfahren offenbarte, vertrauliche Informationen nach Scheitern der Mediation später vor Gericht verwendet werden. Der Mediator hat eine doppelte Pflicht, er muss wie jeder andere Beteiligte der Mediation die Vertraulichkeit gegenüber der Außenwelt einhalten, zudem sollte er vertrauliche Informationen einer Partei (z. B. im einem Einzelgespräch geäußert) im weiteren Verlauf der Mediation gegenüber der anderen Partei vertraulich behandeln. Kommt es nach der Mediation zum Gerichtsprozess, hat der Mediator im Zivilrecht ein Aussageverweigerungsrecht, im Strafrecht ist diese Möglichkeit jedoch nicht immer gegeben. Um der Gefahr eines Bruchs der Vertraulichkeitsmaxime vorzubeugen, kann vor der Mediation vereinbart werden, dass entstandene Protokolle vernichtet werden. Der Mediationsvertrag, der justiziabel ist, kann im Falle eines Bruchs der Vertraulichkeit eine Vertragsstrafe vorsehen.

Besonders bei Großmediationen unter Beteiligung vieler Gruppierungen ist die Vertraulichkeit potenziell gefährdet, u. a. durch ein starkes öffentliches Interesse und die aktive Nachfrage von Journalisten. Hier kann auch zu Beginn vereinbart werden, die Vertraulichkeit nicht zu vereinbaren und den Prozess gar für die Öffentlichkeit zu öffnen und damit größtmögliche Transparenz

1 Mediation

herzustellen. Finden eine Mediation im Team statt (Mediator plus Co-Mediator) gibt es zwischen den beiden Mediatoren kein Vertraulichkeitsgebot, beide Mediatoren verfügen über alle Informationen.

Die (einvernehmliche) Konfliktbeilegung. Wenn man nicht gerade von der Idee der transformativen Mediation (s. u.) ausgeht, in der der Weg das Ziel ist, wird von einem Verfahren, das eine Konfliktklärung in der Überschrift trägt, auch eine Lösung des Konflikts erwartet. Je nach Konfliktthema, Teilnehmerkreis und Verlauf unterscheiden sich die erarbeiteten Lösungen und die darauf basierenden Vereinbarungen in Qualität, Umfang und Form.

Es gibt jedoch einen Lösungstyp, mit dem die Mediation wie auch die rationale Verhandlung für sich „wirbt": Die sog. „win-win Lösung" – die beidseitige Gewinnmaximierung – ist eine Lösung, die idealtypisch selbstbestimmt von den Parteien gefunden und bei der der „Kuchen" der Lösungsvarianten vergrößert wird. Nicht zu verwechseln mit dem Kompromiss, bei dem die Lösung in der Schnittmenge der Übereinstimmungen liegt. Bei der win-win Lösung werden z. B. zusätzliche Werte durch Querverbindungen zu anderen Themengebieten erschaffen und sog. kreative Lösungen vereinbart. Geschieht das, entsteht ein „Konsens". Er ist erreicht, wenn die Interessen aller Konfliktbeteiligten in der Lösung „aufgehoben" sind, und zwar in einem dreifachen Sinn: im Sinn von überwunden, im Sinn von aufbewahrt und im Sinn von auf eine höhere Stufe gehoben, weiterentwickelt. Die Konsenslösung ist ein kreativer Akt, bei dem etwas Neues entstanden ist. Das unterscheidet den Konsens vom Kompromiss, da beim Konsens mehr als die Summe der Interessen aller Konfliktbeteiligten herauskommt. Praktiker und Wissenschaftler gehen gemeinhin davon aus, dass diese Art der Lösung stabil sei und die Beziehung zwischen den Parteien stärke.

Arten der Mediation – Mediationsprojekte. Von den beschriebenen Zielen der Mediation ausgehend, lassen sich etablierte Verfahrensarten in folgende grundlegende Ausrichtungen unterteilen fünf Verfahrensarten werden hier angerissen:

- *Hilfe bei der schnellen und effizienten Beilegung des konkreten Konflikts (Service-Delivery-Projekt).*

Dieser Ansatz konzentriert sich auf *instrumentelle Verhandlungsperspektiven*. Die schnelle Einigung steht im Vordergrund, während der emotionalen Komponente des Konflikts keine eigenständige Bedeutung zukommt. Es liegt die pragmatische Idee zugrunde, Mediation sei für die Behandlung von Interessensgegensätzen ein geeignetes „Service-Instrument". Andere Autoren bezeichnen diesen Ansatz als *verhandlungsorientierten Ansatz* (Bröckling 2015, S. 179).

Ausgang dieses Mediationsansatz ist u. a. der im deutschen Sprachraum unter dem Titel „Harvard-Konzept"[2] erschienene Bestseller – die Autoren nennen ihren Ansatz „sachbezogenes Handeln" und setzen „auf Einigung durch Rationalisierung" (Fisher et al. 2009).

- *Abbau der (Macht-)Nachteile schwächerer Parteien, zu ihrem Recht zu kommen (Access-to Justice-Projekt)*

Dieser Ansatz sieht in der Mediation eine leichter zugängliche Verfahrensalternative im Vergleich zum Gerichtssystem. Einige Autoren werben aktiv für die Mediation als kostengünstigere, selbstbestimmte Alternative zu teuren, einschüchternden Gerichtsverfahren (Röhl 2006, S. 514)

- *Vorrang der selbstbestimmten Konfliktlösung und Vermittlung persönlicher Fähigkeiten sowohl im Umgang mit dem aktuellen Konflikt als auch mit zukünftigen Konfliktsituationen (Individual-Autonomy-Project)*

In diesem Ansatz ist die Selbstbestimmung der Parteien elementarer Wesenszug des Verfahrens. Nicht auf dem Einfluss des Mediators liegt der Schwerpunkt, sondern auf der Eigenverantwortung der Parteien den Konfliktlösungsprozess und seine Ergebnisse betreffend (Mähler und Mähler 1991, S. 153). Dieser Ansatz verfolgt auch ein pädagogisches Ziel: Die Fähigkeit der Parteien, eigene Lösungen zu finden, soll nicht nur hinsichtlich des aktuellen Konflikts gestärkt werden, sondern die Kompetenz der Konfliktlösung der Beteiligten auch hinsichtlich zukünftiger Projekte verbessern. Die Mediationssitzung zum aktuellen Konflikt wird zum „Trainingsprogramm" folgender Konfliktbearbeitungen. In der Literatur wird dieser Ansatz auch als „transformational Mediation" bezeichnet.

- *Veränderung der Beziehung der Parteien in Richtung einer Versöhnung (Reconciliation Project)*

Dieser Ansatz hat in erster Linie zum Ziel, eine Transformation in der Beziehung der Konfliktbeteiligten in Richtung Versöhnung einzuleiten. Auch dieser Ansatz interessiert sich für eine persönliche Veränderung (wie der Individual-Autonomy-Ansatz) und sieht als ersten Schritt zur Versöhnung das

---

[2]Originaltitel „Getting to yes".

Erlangen eines Verständnisses für die Positionen der anderen. In diesem Ansatz geht es nicht so sehr um das generalisierte Lernen für die Zukunft, sondern um die Befriedung eines konkreten Konfliktes zwischen den Parteien durch erfolgte Versöhnung.

- *Gesellschaftliche Veränderung (Social Transformation Project)*

Hier wird ein Zusammenhang zwischen der Mediation konkreter Konflikte und der Gemeinschaft hergestellt. Das kann als „Denkanstoß" erfolgen – die Parteien übertragen gedanklich die Ergebnisse auf einen größeren gesellschaftlichen Zusammenhang und erweitern damit ihr kollektives Bewusstsein. So kann einem individuellen Konflikt eine politisch-ideologische Ausrichtung gegeben (Lubman 1967) oder auch eine Rückführung des persönlichen Konflikts in die örtliche Gemeinschaft erreicht werden. Gesellschaftlich diskutierte Interessensunterschiede werden im „Kleinen" und mit direktem Kontakt der Bürger ausgetragen und gelöst (Beer 1986).

Literatur

Beer, J. E. (1986). *Peacemaking in your neighborhood Reflections on an experiment in community mediation*. Philadelphia: New Society Publishers.
Bierbauer, G., Gottwald, W., & Birnbreier-Stahlberger, B. (1995). *Verfahrensgerechtigkeit, Rechtspsychologische Forschungsbeiträge für die Justizpraxis*. Köln: Schmidt.
Bröckling, U. (2015). Gute Hirten fuehren sanft. Über Mediation. *Mittelweg, 36,* 171–187.
Carnevale, P. J., & Pruitt, D. G. (1992). Negotiation and mediation. *Annual Review of Psychology, 43*(1), 531–582. https://doi.org/10.1146/annurev.ps.43.020192.002531.
Carnevale, P. J. D., & Henry, R. A. (1989). Determinants of mediator behavior: A test of the strategic choice modell. *Journal of Applied Social Psychology, 19*(6), 481–498. https://doi.org/10.1111/j.1559-1816.1989.tb00069.x.
Fisher, R., Ury, W., & Patton, B. M. (2009): Das Harvard-Konzept. Der Klassiker der Verhandlungstechnik. 23., durchges. Aufl. Frankfurt a. M.: Campus. http://www.campus.de/leseproben/9783593389820.pdf.
Haft, F. (1992). *Verhandeln. Die Alternative zum Rechtsstreit*. München: Beck.
Lubman, S. (1967). Mao and Mediation: Politics and Dispute Resolution in Communist China (California Law review, 5).
Mähler, G., & Mähler, H. G. (1991). Das Verhältnis von Mediation und Richterlicher Entscheidung. In H. Krabbe (Hrsg.), Scheidung ohne Richter. Neue Lösungen für Trennungskonflikte. Orig.-Ausg. Reinbek bei Hamburg: Rowohlt (rororo rororo-Sachbuch rororo zu zweit, 8882), S. 148 ff.
Röhl, K. F. (2006). *Rechtssoziologie. Ein Lehrbuch*. München: Heymanns.

Sünderhauf, H. (1997). Mediation bei der außergerichtlichen Lösung von Umweltkonflikten in Deutschland. Zugl.: Konstanz, Univ., Diss., Berlin: Rhombos-Verlag (Schriften des Vereins für Umweltrecht, Bremen).

Tröndel, J. (2015). Die Elemente der Mediation. Die Praxiselemente der Mediation als gegenstandsnahe Basis für interdisziplinäre Mediationsforschung. *Konfliktdynamik, 4,* 210–216.

Ury, W. L., Brett, J. M., & Goldberg, S. B. (1989). Getting disputes resolved. Designing systems to cut the costs of conflict. San Francisco, London: Jossey-Bass (A Joint publication in the Jossey-Bass management series and the Jossey-Bass social and behavioral science series).

Walter, H. (1997). Täter-Opfer-Ausgleich. In S. Breidenbach (Hrsg.), *Mediation für Juristen. Konfliktbehandlung ohne gerichtliche Entscheidung.* Schmidt: Köln.

Verhandlung als Teil der Mediation 2

Mediation, kann man als einen speziellen Fall der Verhandlung gesehen werden, bei der ebenso wie in der Verhandlung zwei oder mehrere Parteien miteinander oder über einen Dritten kommunizieren, mit dem Ziel, eine Einigung über einen Sachverhalt zu erzielen. Der „special case" der Mediation ist, dass außenstehende Dritte die Parteien bei ihrer Diskussion begleiten:

In diesem Kapitel betrachte ich die Unterschiede und Gemeinsamkeiten von Verhandlung und Mediation. Das ist deshalb wichtig, da ein großer Schatz an Verhandlungsforschung existiert. Psychologische Wirkmechanismen sind gut erforscht. Sie können häufig nicht direkt auf den Kontext der Mediation angewendet werden, jedoch solide Ausgangspunkte der Beobachtung bilden. Ein Mediationskollege und Autor F. Haft definiert Mediation als „Unterstützung einer Verhandlung durch einen neutralen Helfer. Im Zentrum steht also die Verhandlung, nicht die Mediation. Dies zu betonen, ist wichtig, weil die Menschen dazu neigen, sich wichtiger zu nehmen, als sie sind. In dieser Gefahr befinden sich auch Mediatoren" (Haft und Schlieffen 2016, § 2).

Eine konzeptionelle Grundlage der Mediation ist die Verhandlungstaktik des Harvard-Konzepts. In der Mediation ist das Anwenden von Verhandlungskompetenz wichtig und wird in der Mediationsliteratur und den historischen Betrachtungen der Mediationsentstehung häufig als Kern der Mediation bezeichnet. Eine grundlegende Gemeinsamkeit zwischen Verhandlung und Mediation ist die Voraussetzung, dass die Parteien etwas miteinander zu regeln oder zu klären haben. Es liegt ein Interessensunterschied, ein Konflikt vor. Als Ergebnis von erfolgreichen Verhandlungen oder Mediationen steht eine Übereinkunft, die darin besteht, dass jede Seite etwas aufgibt, was der anderen Partei von Nutzen ist oder sein kann – dabei können auch gemeinsame Interessen gefunden werden.

Begibt sich eine Partei freiwillig in eine Mediation oder eine Verhandlung, dann ist davon auszugehen, dass ein gewisser Klärungsdruck besteht. Dieser kann in einer Sachfrage, Beziehungsfrage oder in der Person selbst liegen. Der Einigungsdruck auf der Sachebene z. B. entsteht, weil ein Interessenunterschied z. B. Entscheidungen blockiert oder eine Weiterentwicklung hemmt. Er kann von außen motiviert sein (z. B. ein Team möchte nicht mehr mit einem Mitglied arbeiten. Das Gericht verweist auf Mediation bei juristisch nicht relevanten, ungeklärten Streitthemen. Eine Partei empfindet einen Konflikt und bittet die andere um Teilnahme an der Mediation).

Friedrich Glasl (Glasl 2011a) hat ein Analysemodell zur Bewertung der Heftigkeit eines Konflikts entwickelt: „Die neun Stufen der Konflikteskalation". Je nach Eskalationsstufe empfiehlt Glasl den Einsatz unterschiedlicher Deeskalationsinstrumente. Er sieht den Einsatz der Mediation auf der Stufe 5–7 als probates Mittel der Einigung. Auf diesen Stufen hat sich der Konflikt bereits zugespitzt:

Stufe 5: Gesichtsverlust

Der Gegner soll in seiner Identität durch alle möglichen Unterstellungen oder Ähnliches vernichtet werden. Hier ist der Vertrauensverlust vollständig. Gesichtsverlust bedeutet in diesem Sinne Verlust der moralischen Glaubwürdigkeit.

Stufe 6: Drohstrategien

Mit Drohungen versuchen die Konfliktparteien, die Situation absolut zu kontrollieren. Sie sollen die eigene Macht veranschaulichen. Man droht z. B. mit einer Forderung (10 Mio. €), die durch eine Sanktion („Sonst sprenge ich Ihr Hauptgebäude in die Luft!") verschärft und durch das Sanktionspotenzial (Sprengstoff zeigen) untermauert wird. Hier entscheiden die Proportionen über die Glaubwürdigkeit der Drohung.

Stufe 7: Begrenzte Vernichtung

Hier soll dem Gegner mit allen Tricks empfindlich geschadet werden. Der Gegner wird nicht mehr als Mensch wahrgenommen. Ab hier wird ein begrenzter eigener Schaden schon als Gewinn angesehen, sollte der Schaden des Gegners größer sein.[1]

---

[1] Im Anhang sind alle Stufe beschrieben und schematisch dargestellt.

2 Verhandlung als Teil der Mediation

Glasl setzt für den Einsatz der Mediation eine deutliche, vorliegende Eskalation des Konflikts voraus, der bereits mit persönlichen Beeinträchtigungen eines oder beider Beteiligter einhergeht. Auf den darunterliegenden Stufen ist eine Konfliktklärung durch Verhandlung ein probates Mittel. Andere Autoren sehen das anders und raten eine Mediation selbst als prophylaktisches Instrument der Konfliktvermeidung an. Diese sog. präventive Mediation wird vorwiegend bei Erbregelungen, Unternehmensübergaben, Vertragsausgestaltungen, Risikoanalysen, Familien- und Nachfolgeregelungen angewendet.

Der Grad der Konflikteskalation ist direkt mit der persönlichen Involvierung und der daraus resultierenden Beeinträchtigung mindestens einer Konfliktpartei verbunden. Für die Bearbeitung von Konflikten in der Mediation, die Wahl der richtigen Methoden und die Abschätzung der Wirkung ist es wichtig zu wissen, in welcher Befangenheit und damit einhergehender kognitiver Wahrnehmungsveränderung sich die Parteien befinden. Dabei gilt die Faustregel: je höher der Konflikt eskaliert ist und je länger er bereits andauert, umso größer wird die Differenz in der Wahrnehmung der Konfliktparteien. Angestrebtes Ziel der Mediation ist es, dass die Beteiligten wieder miteinander ins Gespräch kommen, ihre „Konfliktspirale" (Glasl 2011b, S. 22) verlassen und eine möglichst gemeinsame und für alle Beteiligten gewinnbringende Lösung im gegebenen Konflikt finden.

Bei Verhandlungen spielen psychologische Wahrnehmungsveränderungen eine untergeordnete Rolle. Die Beteiligten bewerten den Verhandlungsgegenstand eher als Interessensunterschied und nicht als Konflikt im Sinne von Streit. Der Fokus liegt folglich stärker auf der Klärung der Sachebene. Während Menschen, die zu einer Mediation kommen, häufig die Erwartung äußern, den Konflikt an sich beizulegen, Frieden zu finden und sich wieder zu vertragen, äußern Verhandler vorwiegend den Wunsch, sich in der Sache zu einigen.

Darüber hinaus existiert bei den meisten Mediationsverfahren die Erwartung, dass sich durch den gemeinsamen Prozess die Beziehung der Konfliktparteien nachhaltig stabilisiert und in Zukunft auftretende Konflikte durch diese gemeinsame Basis erfolgreich bearbeitet werden können. Bei Verhandlungen ist die Beziehung häufig gar nicht belastet und muss folglich auch nicht stabilisiert werden. Eine Verhandlung wird von den Parteien i. d. R. nicht als Intervention wahrgenommen, sondern als ein notwendiges Verfahren in alltäglichen Aushandelsprozessen (v. a. in der Wirtschaft).

In der Literatur sind zwei Verhandlungsstile oder besser gesagt, die zwei Pole der Verhandlungsstile beschrieben: der kompetitive und der kooperative Verhandlungsstil. Das kompetitive Verhandeln ist wettbewerbsorientiert und wird auch als „hartes Verhandeln" bezeichnet (Fisher et al. 2009, S. 27–30). Bei der kompetitiven Verhandlung ist der Gegenüber nicht Partner, sondern Gegner. Für den kompetitiven Verhandler stellt sich die Verhandlungssituation prinzipiell als die Verteilung eines „begrenzten Gutes" dar. Der kompetitive Verhandlungsstil findet sich häufig im Kontext des intuitiven Verhandelns. Er wird auch Sieger-Verlierer-Strategie genannt. Der kooperative Verhandler dagegen strebt ein Verhandlungsergebnis an, bei dem beide Seiten gewinnen (eine Win – win-Situation erreichen) (Ponschab und Schweizer 1997, S. 86–96). Der kooperative Verhandler zeichnet sich durch Flexibilität aus, er reagiert auf Verhandlungssituation und Partner und versucht eine solide Beziehung auf der Basis gegenseitigen Vertrauens aufzubauen.

In der Regel kommen diese beiden Formen des Verhandelns nicht in Reinform vor, sondern treten dialektisch auf und ziehen dadurch besondere Verhandlungseffekte nach sich: Einerseits sind Verhandler motiviert zu kooperieren, da sie das Ziel haben, zur Einigung zu kommen („eine Einigung ist besser als keine Einigung"). Andererseits sind sie motiviert, in Wettbewerb zu treten, um ihren eigenen Profit zu maximieren. Diese Spannung zwischen Kooperation und Konfrontation wird Präferenzkonflikt genannt und äußert sich u. a. in einem (unbewussten) Verhandlungseffekt. Eine häufig unreflektierte Bewegung zwischen Kooperation und Konfrontation der Verhandlungspartner- es wird „match" und „mismatch" genannt (Pruitt und Carnevale 1993).

„Matching" nennt man das Verhalten, wenn der eine Verhandlungspartner mehr verlangt, wenn die Angebote des anderen ebenso eher höher sind. Oder wenn der eine schneller nachgibt, wenn auch der andere nachgibt. Es entstehen parallele Verhandlungsbewegungen: hohes Angebot, hohes Gegenangebot – niedriges Angebot, niedriges Gegenangebot. „Mismatching" bedeutet eine überkreuzte Strategie: Der eine verlangt dann mehr, wenn der andere weniger verlangt bzw. kommt dem anderen schneller entgegen, wenn dieser langsamer zu Zugeständnissen bereit ist.

Zu diesen oft unbewussten Verhandlungsverhalten gibt es zahlreiche Forschungen mit der Fragestellung, welche Form des Verhaltens an welchem (Zeit-)Punkt in der Verhandlung auftritt. Es scheint, als träten „matching" und „mismatching" an unterschiedlichen Stellen innerhalb eines Verhandlungszyklus auf. „Mismatching" findet man häufig am Anfang einer Verhandlung. Menschen tendieren dazu, mit Entgegenkommen zu reagieren, wenn die anderen hohe, starre Gebote machen. Mit höheren Geboten reagieren sie dann, wenn der Andere Entgegenkommen zeigt.

Das Verhalten ist eine Bemühung der Parteien, das eigene Gebot in einer sichtbaren Distanz zu dem des anderen zu platzieren, sodass das Gebot zwar realistisch bleibt (und nicht zum Verhandlungsabbruch führt), dem anderen

2 Verhandlung als Teil der Mediation

dabei aber nicht zu viel Zuversicht auf eine „günstige" Einigung gemacht wird. In dieser Auslegung wird das erste Angebot des Verhandlungspartners als eine Information über dessen (Verhandlungs-)Grenzen bewertet. Das geschieht oft unbewusst.

„Matching" ist häufig in der Mitte der Verhandlung zu beobachten. Das gilt auch für Verhandlungen im Mediationskontext: Wenn sich der Partner entgegenkommend zeigt, dann kommt ihm der Verhandler an dieser Stelle auch eher entgegen; bleibt der andere stur, dann verharrt der Partner ebenso auf seiner Position. Das „Matching" basiert wahrscheinlich auf dem Prinzip der Reziprozität. Diese Regel (der Gegenseitigkeit) besagt, dass wir darum bemüht sein sollen, anderen zurückzugeben, was wir von ihnen bekommen haben. Es entsteht ein Gefühl des Verpflichtetseins. Eine weitere Motivation des „Matching" ist, die Kooperationsbereitschaft des anderen zu verstärken. „Mismatching" kann man in der Regel am Ende einer Verhandlung wiederfinden, wenn eine Deadline näher. Da auch in Mediationen verhandelt wird, treten diese Bewegungen in diesem Kontext ebenso auf.

Eine weitere Herausforderung für Verhandler wird als Präferenzkonflikt beschrieben. Einerseits setzt das Erreichen einer Übereinkunft, das sich für beide Parteien lohnt, die Bereitschaft der Partner voraus, miteinander zu kooperieren. Andererseits liegen die Interessen der Partner zumindest in manchen Teilbereichen des Verhandlungsgegenstands entgegengesetzt und ein Entgegenkommen, um eine gemeinsame Lösung zu finden, scheint widersprüchlich. Die Motivation bewegt sich zwischen der Kooperationsbereitschaft zur Erlangung einer Einigung und dem individualistischen Egoismus größtmöglicher Gewinnerzielung.

Dieser Präferenzkonflikt ist unmittelbar mit der Qualität der Lösung verbunden. Der häufig beschriebene win – win Ausgang einer Verhandlung ist idealtypisch und je nachdem worauf sich der win – win Aspekt bezieht mehr oder weniger realitätsnah. In reinen Verteilungsverhandlungen z. B. gibt es keine win – win Optionen. Ein Händler kauft einen Teppich für 10 € beim Großhändler ein. Er verlangt später 20 € von einem Kunden, der bei ihm den Teppich kaufen möchte. Innerhalb der Spanne 10,01 € und 20 € liegt ein Verhandlungsspielraum, in dem der Verkäufer nicht „leer" ausgeht. Jedoch ist ein Abschluss in diesem Korridor ein Nullsummenspiel: jeden Euro, den der eine gewinnt, verliert der andere. Unter 10 € würde der Teppichhändler Verlust machen, bei 15 € läge demnach eine „objektive" Mitte. Win – win Optionen können in diesem Fall nur als subjektive Bewertung des Prozesses auftreten, als eine von beiden wahrgenommene Verteilungsgerechtigkeit. Jedoch sind die Fairnesskriterien der Verteilungsgerechtigkeit subjektiv. Innerhalb eines konkreten Verhandlungssystem stellt Fairness eine intersubjektive Vereinbarung dar (Rosner und Winheller 2012, S. 102). Bewerten die Betroffenen das Verfahren und das Ergebnis übereinstimmend als fair, dann kann von einem win – win Prozess bezüglich der Verfahrensgerechtigkeit gesprochen werden.

In den meisten Verhandlungen geht es jedoch um Sachziele und allein die wahrgenommene Verfahrensgerechtigkeit ist nicht ausschlaggebend für das Verfahrensziel. Ein win – win Ergebnis impliziert, dass die Verhandlungsparteien bezogen auf ihr Verhandlungsziel objektiv etwas „gewinnen". Da der Gewinn aber nicht auf Kosten der Gegenseite erzielt werden soll (sonst wäre es eine win-lose Situation), stellt sich die Frage, wo der Gewinn herkommt. Zur Veranschaulichung des win – win Konzepts wird immer wieder das Orangen- Beispiel aufgeführt:

Zwei Schwestern streiten sich um eine Orange. Es ist nur eine Orange da, beiden wollen sie unbedingt haben. Was tun?

Die eine Schwester fragt die andere: „Wozu möchtest du die Orange?". „Ist doch klar", antwortet diese, „ich will sie essen". „Dann ist es ja gut", sagt die andere Schwester „ich brauche die Schalen, um einen Orangenkuchen zu backen" (erstmals zitiert in Douglas T.Hall et al. 1982, S. 130–132).

Dieses Beispiel beschreibt eine beidseitige Bedürfnisbefriedigung bei der Verteilung der Orange. Die Schwester haben sich an den Interessen orientiert und so eine Wertschöpfung erzielt, in dem die Orange in Schale und Fruchtfleisch aufgeteilt wird.

So leicht verständlich diese „Kuchenvergrößerung der Lösungen" anhand dieses Beispiels auch sein mag, in der Realität bleiben solche hundertprozentigen win – win Lösungen Ausnahmefälle: „Normalerweise gibt es nämlich immer auch noch einen Verteilungsaspekt in Bezug auf verbleibende Präferenzkonflikte und selbst bei noch so kreativen Lösungen kann dann nicht immer jeder alles bekommen, was er gerne hätte" (Rosner und Winheller 2012, S. 113). Spieltheoretisch gesehen ist eine win – win Lösung nur in solchen Fällen möglich, in der eine Kooperationsbereitschaft für beide Parteien die beste Strategie darstellt (Rieck 2012, S. 24–27). Das bedeutet gleichzeitig, dass keine echten Präferenzkonflikte (Kooperation vs. eigene Zielerreichung) existieren.

Am ehesten vergleichbar zur Mediation ist die Form der rationalen Verhandlung. Die Gemeinsamkeiten überraschen nicht, wenn man die Mediation als Evolution der rationalen Verhandlung begreift: Der Prozess ist strukturiert, es wird auf der Interessensebene gearbeitet und eine selbstbestimmte und für alle Parteien vorteilhafte Lösung wird angestrebt. Der neutrale Dritte wird zwar im Konzept der rationalen Verhandlung immer wieder erwähnt, jedoch ist die Anwesenheit eines Dritten nicht obligatorisch und in der Praxis eher selten. Bei der Mediation ist das anders. Ohne Mediator keine Mediation. Dies ist ein bedeutender Unterschied. Der gravierendste Unterschied zwischen Mediation und der (rationalen) Verhandlung jedoch ist die Konfliktgeschichte der Beteiligten. Wird Mediation vorwiegend dann empfohlen, wenn die Parteien den Interessensunterschied als destruktiven, belastenden Konflikt erleben, sind Verhandlungen vorwiegend Instrumente üblicher Aushandelsprozesse. Die Beteiligten vertreten unterschiedliche Interessen und fühlen sich i. d. R. nicht so stark emotional und persönlich involviert. In der Mediation (v. a. beim transformativen Ansatz) werden Personen und Sachen nicht getrennt voneinander behandelt, wie es in Verhandlungen üblich ist. Im Gegenteil, genau diese Verknüpfung von Interessen, Bedürfnissen und Emotionen wird herausgearbeitet und betont. Die Bearbeitung der Beziehungs- und der Gefühlsebene wird in der Mediation üblicherweise als Voraussetzung einer nachhaltigen Einigung und Befriedung des vorliegenden Konflikts bewertet. Somit könnte man Mediation als eine Sonderform der Verhandlung beschreiben, die dann besonders geeignet ist, wenn es nicht nur um die Aushandlung von Interessen geht, sondern auch um die Befriedung von destruktiven Konflikten.

Es werden in der Literatur zwei grobe Richtungen des Verhandelns unterschieden: das intuitive Verhandlungsmodell und das rationale Verhandlungsmodell. Die Qualität der Lösung und der Verhandlungsprozess sind die wesentlichen Unterscheidungskriterien.

Das **intuitive Verhandlungsmodell** wird auch als „Basarmodell" bezeichnet. Beide Parteien nehmen eine extreme Position ein. Die Einigung erfolgt am Ende nach wechselseitigem Nachgeben ungefähr in der Mitte. In der Literatur wird dieses Spiel der gegenseitigen Annäherung auch als „negotiation dance" bezeichnet. Intuitiv wird das Modell genannt, weil es schnell erlernt werden kann, bzw. von Kindesbeinen an in Alltagssituationen trainiert wird. Es ist ein vermeintlich taktierendes, auf den eignen Vorteil bedachtes Verhalten, das auf der einfachen Regel basiert: Angebot und Gegenangebot. Die Einfachheit, die schnelle Erlernbarkeit, gute Trainierbarkeit (in unterschiedlichen Lebenssituationen) und die daraus resultierende weite Verbreitung über kulturelle Grenzen hinweg sind Vorteile des Modells. Bei Angebot und Gegenangebot zu Beginn einer Verhandlung handelt es sich häufig nicht um objektivierbare Größen, sondern um Annäherungswerte, weshalb es am Ende schwer zu beurteilen ist, wer als Gewinner aus der Verhandlung hervorgeht bzw. wer das bessere Ergebnis erzielt hat. Mit der Folge, dass sich jeder als Gewinner fühlen kann. Im Basarmodell wird die Komplexität einer Verhandlung (unterschiedliche Interessen, unterschiedliche Verhandlungsstile) intuitiv vereinfacht und lediglich auf Positionen reduziert. Das ist zugleich der entscheidende Nachteil dieses Modells: Beim Ergebnis handelt es sich um Wunschvorstellungen (Positionen) und nicht etwa um rationale, ausgewogene Lösungen. Ein Merkmal der Basarmethode ist das „Geschichtenerzählen" zu Beginn der Verhandlung. Jede Partei präsentiert ihre Version, die häufig einer objektiven, messbaren Grundlage entbehrt. Manipulationstechniken werden im Basarmodell intuitiv angewandt und basieren auf dem Abrufen von menschlichen Verhaltensprogrammen: z. B. „ein Geschenk fordert ein Gegengeschenk". Dabei werden Positionen bezogen, die im Laufe der Zeit wieder aufgegeben werden. Diese „Geschenke" fordern „Gegengeschenke", obwohl sie nie im Sinne einer Erweiterung der Verhandlungsmasse ernst gemeintes Entgegenkommen waren. Der Nachteil dieses Verhandlungsmusters ist der subjektive Eindruck, jeder versucht den anderen zu übervorteilen. Das führt zu einem Misstrauen zwischen den Verhandlungspartnern und legt keine günstige Basis für eine langfristige (Handels-) Beziehung.

Das **rationale Verhandlungsmodell** hingegen unterscheidet sich in der Haltung und dem Vorgehen der Verhandlungsparteien:

- rationale Verhandler kooperieren mit den Verhandlungspartnern
- es werden (soweit möglich) messbare Bezüge und Transparenz hergestellt
- kreative und ökonomisch sinnvolle Lösungen werden angestrebt
- Manipulation wird möglichst vermieden.

Ein entscheidender Vorteil ist die vereinbarte Struktur des Verhandlungsprozesses. Die Struktur ist transparent und gibt einen Rahmen, innerhalb dessen sich die Verhandler bewegen. Durch die Einteilung in Phasen gelingt es besser, die einzelnen Aspekte einer Verhandlung (äußere Bedingungen, Sachebene, Beziehungseben) voneinander getrennt zu bearbeiten und somit auch das „Festbeißen" der Parteien an einem Punkt zu vermeiden.

Das Haward-Konzept von Fisher et al. (2009) gilt als *das* Standardwerk des rationalen Verhandelns. Die Aufteilung des Prozesses in Phasen, die Trennung von Personen und Sachen und die angestrebte win – win Lösung sind die Hauptaspekte und Erfolgskriterien der Autoren.

Die von unterschiedlichen Autoren vorgeschlagene Vorgehensweise des rationalen Verhandelns lässt sich in sieben Phasen untergliedern:

In der Eröffnungsphase geht es vorwiegend um die Sympathiepflege, es wird eine persönliche Beziehung zum Verhandlungspartner aufgestellt und ein „Sympathiepolster" aufgebaut, das dazu dient, eine vertrauensvolle und freundliche Atmosphäre herzustellen. Es wird (noch) nicht über den Verhandlungsgegenstand gesprochen. In manchen Situationen wird diese Phase übersprungen, z. B. wenn eine Verkündung einer schlechten Nachricht folgt, kann eine „Small Talk"- Einleitung im Nachhinein als Häme gedeutet werden.

2 Verhandlung als Teil der Mediation

In der folgenden Rahmenphase werden der zeitliche Rahmen abgesteckt und Formalitäten überprüft, z. B. ob die Parteien am Tisch entscheidungsbevollmächtigt sind.

Es folgt die wichtige Themenphase. Hier wird genau definiert, worum es geht, was der Verhandlungsgegenstand ist.

Die anschließende Informationsphase kann sehr kurzgehalten werden, wenn Einigkeit über die zugrunde liegenden Informationen besteht. Ist dies nicht der Fall, muss in dieser Phase ein Austausch über den Verhandlungsgegenstand erfolgen. Am Ende dieser Phase entsteht eine Aufschlüsselung über streitige und nicht streitige Punkte und die Klärung, über welche Punkte Einigung erzielt werden muss (Divergenzphase).

Die Argumentations- und Entscheidungsphase bildet den Verhandlungskern. Hier werden die zuvor definierten Themen Schritt für Schritt verhandelt und Zwischenlösungen festgelegt. Es geht nicht um das Gegenüberstellen von Position und Gegenposition, sondern um das Verstehen von Interessen. Das heißt aber nicht, dass es um eine Einigung um jeden Preis geht: Liegen die erarbeiteten Lösungsvorschläge unter der Minimalanforderung einer der Parteien, empfiehlt sich durchaus ein ergebnisloser Ausstieg in dieser Phase.

In der Schussphase werden die Ergebnisse gemeinsam zusammengefasst und protokolliert.

Bei komplexen oder besonders strittigen Verhandlungen werden ein oder mehrere Verhandlungsführer eingesetzt. Sie sind in ihrer Funktion allparteilich und steuern den Prozess. Häufig sind Verhandlungsführer Persönlichkeiten mit Kompetenz im Feld des Verhandlungsgegenstands.

Der entscheidende Vorteil des rationalen Verhandlungsmodells gegenüber intuitiven Ansätzen ist, dass in diesem Prozess gemeinsame Interessen sichtbar gemacht werden. Bei langfristigen (Handels-) Beziehungen trägt dieses Vorgehen zur Festigung der Beziehung und zum gegenseitigen Vertrauen bei.

Im Anhang sind die Merkmale der rationalen Verhandlung zusammengefasst. Diese Übersicht kann zur Vorbereitung und Fokussierung verwendet werden.

Zusammenfassend lässt sich das Verhältnis zwischen Mediation und Verhandlung als ein ineinander verwobenes, untrennbares beschreiben: Das Verhandeln ist ein zentraler Teil jeder Mediation. Die Mediation (so wie sie heute im westlichen Raum ausgeübt wird) hat sich aus der Theorie und Praxis des rationalen Verhandelns entwickelt. Mediation kann als eine Sonderform der Verhandlung beschrieben werden. Während für diese Sonderform (Mediation) Richtlinien, Gesetze und Prinzipien definiert wurden, ist das Feld der Mutterdisziplin (Verhandeln) weitläufiger und disperser. Verhandlungen finden in allen Bereichen des menschlichen Zusammenlebens statt. Der Ablauf *der* Verhandlung ist nicht standardisiert und reicht von einer Verteilung von Süßigkeiten unter Kindern bis zu komplexen, internationalen Aushandlungsprozessen zur Friedenssicherung.

Ich hoffe, an dieser Stelle des Buches haben Sie als Leser eine Vorstellung über das Verfahren der Mediation entwickelt, die zugrunde liegenden Konzepte und Ideen und die Überschneidung mit der Verhandlung. Auf dieser gemeinsamen Grundlage möchte ich nun einen Schritt weiter gehen und Effekte beschreiben, die den Verlauf einer Mediation grundlegen beeinflussen. Ich habe dabei vier unterschiedliche Felder ausgewählt, die mir deshalb interessant erscheinen, da sie im Zuge der Mediation immer wieder benannt werden aber bislang in diesem Zusammenhang nicht erforscht wurden (Commitment und Empowerment und Kritik). Diese Interventionen gehen vom Mediator aus und beeinflussen den Prozess deutlich. Außerdem möchte ich einen Blick auf zwei sehr häufig auftretenden Emotionen in Mediationen werfen. Ärger und Zuversicht. Hier ist der Mediator nicht derjenige, der die Emotionen auslöst. Er ist jedoch derjenige, der die Aufgabe hat, durch seine Gesprächsleitung den Medianten zu einem guten Dialog und eine selbstbestimmte Lösung zu verhelfen. Wenn Ärger auftaucht, verändert sich di Gesprächssituation fundamental. Welche Muster und Reaktionen auftreten und welche manipulative Wirkung starke Emotionen auf die andere Partei haben, sollte dem Mediator bewusst sein.

Literatur

Douglas, T. H, Donald, D. B., Roy, J. L., & Francine, S. H. (1982). Experiences in management and organizational behavior. *Organization Studies* 5 (3). https://doi.org/10.1177/017084068400500317.

Fisher, R., Ury, W., & Patton, B. M. (2009). *Das Harvard-Konzept. Der Klassiker der Verhandlungstechnik* (23., durchges. Aufl.). Frankfurt a. M.: Campus. https://www.campus.de/leseproben/9783593389820.pdf.

Glasl, F. (2011a). *Konfliktmanagement. Ein Handbuch für Führungskräfte, Beraterinnen und Berater* (10., überarb. Aufl.). Bern: Haupt (Organisationsentwicklung in der Praxis, 2).

Glasl, F. (2011b). *Selbsthilfe in Konflikten. Konzepte – Übungen – praktische Methoden* (6., überarb. und erw. Aufl.). Stuttgart: Verl. Freies Geistesleben; Haupt. https://www.socialnet.de/rezensionen/isbn.php?isbn=978-3-7725-1590-3.

Haft, F., & Schlieffen, K. (Hrsg.). (2016). *Handbuch Mediation* (3., vollständig neubearbeitete Aufl.). München: Beck.

Ponschab, R., & Schweizer, A. (1997). *Kooperation statt Konfrontation. Neue Wege anwaltlichen Verhandelns*. Köln: Schmidt (Wege zur erfolgreichen Anwaltspraxis, 5).

Pruitt, D. G., & Carnevale, P. J. (1993). *Negotiation in social conflict*. Buckingham: Open Univ. Press (Mapping social psychology).
Rieck, C. (2012). *Spieltheorie. Eine Einführung* (11., überarb. Aufl.). Eschborn: Rieck.
Rosner, S., & Winheller, A. (2012). *Mediation und Verhandlungsführung. Theorie und Praxis des wertschöpfenden Verhandelns – nicht nur in Konflikten*. München: Hampp (Systemische Organisationsberatung und Aktionsforschung, 4)

Psychologische Effekte in der Mediation und die Rolle des Mediators

3

3.1 Commitment

Die erste Phase der Mediation in der Mediationsliteratur
In der Mediationsliteratur wird häufig von der Wichtigkeit der ersten Phase der Mediation für den Verlauf des Verfahrens gesprochen. Diese erste Phase wird als rahmengebend für den weiteren Prozess bewertet. Hier soll Vertrauen zum Prozess und zum Mediator hergestellt werden. Die Medianten werden mit den Regeln und dem Ablauf vertraut gemacht.

Die gängige Mediationsliteratur gibt einheitliche Handlungsempfehlungen für diese erste Phase der Mediation. Sie wird, wie folgende Beispiele verdeutlichen, beschrieben: „Ein wichtiger Abschluss dieser Phase ist es, dass die Streitparteien ihre Bereitschaft erklären, dass sie sich auf das beschriebene Verfahren und die Regeln einlassen wollen. Dazu wird jede und jeder Anwesende einzeln befragt. Dieses persönliche Aussprechen der Bereitschaft fördert die Verbindlichkeit, mit der sich die Personen dann auch tatsächlich daran halten" (Besemer 1998, S. 68).

„Ein erster Schritt auf dem Weg zu einer konstruktiven Kommunikation ist die ausführliche Information über den Verlauf der Mediation. Der Mediator versucht eine vertrauensvolle Atmosphäre herzustellen, indem er ein Regelwerk für einen akzeptierten Umgang miteinander aufstellt. Für das Vertrauen der Kontrahenten gegenüber dem Verfahren ist es wichtig, die um Objektivität bemühte Haltung des Vermittlers zu betonen … Erst nachdem sich die beteiligten Konfliktparteien ausreichend informiert fühlen und Vertrauen in das Verfahren selbst sowie zu der vermittelten dritten Person bekunden, kann die erste Phase beginnen" (Michaelis et al. 2007, S. 34).

„Anschließend frage ich Herrn und Frau Miller, was sie bereits über Mediation wissen. Beide sind gut informiert. Ich ergänze das Bild noch hinsichtlich der Neutralität und der Aufgaben des Mediator und weise auf Offenheit und Vertraulichkeit hin sowie auf die Rolle des Rechts als ein Maßstab unter mehreren ..." (Weiler und Schlickum 2012, S. 14).

„Zunächst stehen die Klärung organisatorischer und verfahrensrelevanter Fragen im Raum sowie die Identifikation der zu beteiligenden Personen ... Daran schließt sich die Erläuterung des Verfahrens, bspw. Rolle und Haltung des Mediators, Verfahrensregeln und die Frage, ob vorliegend das Mediationsverfahren der geeignete Weg sein kann ... Das wichtigste Ziel ist die Schaffung des gegenseitigen Vertrauens für die Mediation. Gerade auf der Verfahrensebene sollten sie sich gut aufgehoben und ernst genommen fühlen. Schließlich ist die Mediation nur dann sinnvoll, wenn alle Konfliktparteien auch innerlich bereit sind, sich auf ein solches Verfahren einzulassen" (Goedings 2014, Internetdokument).

Ebenso ist diese erste Phase der Mediation in europäischen Verhaltenskodex für Mediatoren aufgeführt. Im Paragraf 3.1. heißt es:

„Der Mediator muss sich vergewissern, dass die Parteien des Mediationsverfahrens das Verfahren und die Aufgaben des Mediators und der beteiligten Parteien verstanden haben. Der Mediator muss insbesondere gewährleisten, dass die Parteien vor Beginn des Mediationsverfahrens die Voraussetzungen und Bedingungen der Mediationsvereinbarung, darunter insbesondere die einschlägigen Regelungen über die Verpflichtung des Mediators und der Partei zur Vertraulichkeit, verstanden und sich ausdrücklich damit einverstanden erklärt haben ..." (EU – Europäischer Verhaltenskodex für Mediatoren 11/2013, S. 3).

Die Mediationsliteratur legt den Fokus auf die Information über den Ablauf der bevorstehenden Mediation und die Erklärung der Prinzipien der Mediation. Das „Commitment", eine Willenserklärung der Kooperationsbereitschaft der Probanden, findet, wenn vom Mediator eingeholt, ebenso in dieser Phase statt.

Was bedeutet Commitment
In einer empirischen Versuchsreihe habe ich die Wirkung von Commitment auf eine Mediation bzw. einen Verhandlungsverlauf untersucht. Interessiert hat mich, wie ein Commitment tatsächlich wirkt. Es gibt einige Studien und Theorien dazu:
Einige Versuche untersuchte die Auswirkung von Metakommunikation vor einem Verfahren. Die Teilnehmer sprechen im Vorfeld über ihre Vorsätze bezüglich ihres eigenen Verhaltens. Untersucht wird, ob dies eine Auswirkung auf ihre Kooperationsbereitschaft hat. (Cohen et al. 2010). Es geht um die Frage, welchen Effekt eine Nachricht hat, die sich auf das Verfahren bezieht und eine kooperative

3.1 Commitment

Absicht ausdrückt. Z. B. sind das Situationen, in denen zwei Parteien eine Aufgabe erhalten. Wenn Sie miteinander kooperieren, erreichen sie vermeintlich schneller das Ziel, wenn sie es allein versuchen, gewinnen sie vermeintlich mehr. Wir haben diesen prinzipiellen Zwiespalt schon vorhin kennengelernt - in der Verhandlung schwanken wir zwischen Kooperation, um ein Ergebnis zu erreichen und unserer eigenen Gewinnmaximierung.

In diesen Versuchen also, in denen die Testpersonen hin und hergerissen sind zwischen Kooperation oder Konfrontation, wurden sie gebeten sich vor dem Spiel darüber kurz auszutauschen, wie sie sich verhalten möchten. Dabei ging es nicht um konkrete strategische Überlegungen, sondern um übergeordnete Vorsätze. Z. B. „ich möchte fair sein" oder „ich versuche, mich korrekt zu verhalten".
Die Ergebnisse sind eindeutig:

- Kommunikation im Vorfeld des Verfahrens (Spiels) über die Kooperationsbereitschaft während des Verfahrens (Spiel) erhöht die Kooperation während des Verfahrens (Spiel) deutlich. Fällt diese Kommunikation weg oder findet sie über ein nicht verfahrensbezogenes Thema statt, ist dies nicht der Fall.
- Ein weiterer Befund ist, dass die Teilnehmer mit Anfangs-Commitment sich während des Verfahrens stärker um Fairnessaspekte des Verfahrens sorgten.
- Außerdem erhöhte die gesteigerte Kooperationsbereitschaft das Vertrauen in den Verhandlungspartner.

Die Erklärung liegt darin, dass wir bestrebt sind, das zu tun, was wir gesagt haben. Es ist das psychologische Prinzip der Konsistenz. Das Streben nach Konsistenz hat einen vielfach erforschten, sehr relevanten Einfluss auf das menschliche Handeln. Es hat die Macht, menschliches Handeln zu steuern und wird immer wieder als eines der zentralen psychologischen Motive beschrieben (Festinger 2001; Heider 1946; Newcomb 1953). Die Forschung kommt zu dem Schluss, dass wir nach Konsistenz in unserem Handeln und Auftreten streben und dass dieses Bestreben dazu führt, dass wir auch Dinge tun, derer wir uns nicht bewusst sind oder die wir ohne den bestehenden Mechanismus der Konsistenz nicht tun würden.

Die meisten Menschen haben das Bedürfnis, in ihren Worten, Überzeugungen und Taten konsistent zu sein und zu erscheinen. Diese Neigung zur Konsistenz speist sich vorwiegend aus drei Quellen: Konsistenz wird in der Gesellschaft ein hoher Wert beigemessen, hat sich im Alltag gut bewährt (Vermeiden von Hin und Her zu vieler kleiner Entscheidungen) und bietet eine Art Schnellverfahren, das den Umgang mit der Komplexität des modernen Leben erleichtert (Cialdini 2017, S. 91–104).

Die Sozialpsychologie beschreibt den Auslöser des Einflusses der Konsistenz auf unser menschliches Handeln im Commitment, also der Bindung an oder der Festlegung auf etwas. Sobald man einmal einen Standpunkt eingenommen hat, besteht die Neigung, konsistent bei diesem Standpunkt zu bleiben.

Ein einmal getroffenes Commitment hat einen Einfluss auf das Selbstbild, wenn dieses aktiv und freiwillig getroffen wurde. Der Einfluss des Commitment auf die Konsistenz des Verhaltens auch zeitlich über die Situation des Commitment hinaus wird in verschiedenen Forschungsarbeiten deutlich (Allison und Messick 1988). Eine Methode, um Konsistenz zu erzeugen, ist das schriftliche Formulieren des Commitment, selbst wenn dieses nicht aus eigener Kreativität oder gar freien Stücken verfasst wird (Jones und Harris 1967). Hierzu wurden verschiedene Experimente durchgeführt, in denen Versuchspersonen z. B. gebeten wurden Texte zu verfassen, die eine bestimmte Meinung oder Haltung vertreten. Danach veränderte sich die Zustimmung zu diesem Thema deutlich und immer in der Richtung des Tenors des Textes. Also waren die Zustimmungswerte zur Legalisierung von Cannabis z. B. eher gering (sie wurden mit vielen anderen Fragen im Vorfeld ermittelt) und schrieben diese Versuchspersonen dann auf Anweisung eines Versuchsleiters einen „Pro- Aufsatz" über das Thema, stieg die Zustimmung bei einer weiteren Meinungsabfrage deutlich. Wenn diese Versuchspersonen keinen Aufsatz schreiben, sondern eine vorgefertigte Rede zu diesem Thema anderen vorlasen, trat der Effekt ebenso ein. Es wurde in zahlreichen Versuchen gezeigt, dass das damit zusammenhängt, dass die Menschen in diesem Versuch sich unbewusst konsistent verhalten, auch wenn das Schreiben des Aufsatzes oder das Lesen der Rede ihnen aufgezwungen wurde und keine freiwillige spontane Handlung darstellte, veränderte es eine Haltung zu einem Thema.

Der Konsistenzdruck auf das Selbstbild eines einmal festgelegten Commitment besteht auf zwei Ebenen. Intern existiert die Bestrebung, das Selbstbild in Einklang mit den eigenen Handlungen zu bringen; und von außen spüren wir den Druck, dieses Bild der Sicht anzupassen, das andere von uns haben (Schienker et al. 1994, S. 21). Weil andere uns als überzeugt von dem wahrnehmen, was wir geschrieben haben (auch wenn wir vielleicht gar keine andere Wahl hatten oder wie in unserem Versuch dazu aufgefordert wurden), fühlen wir uns gedrängt, unser Selbstbild an das Niedergeschriebene anzupassen (Cialdini 2017, S. 116).

Eine 2005 durchgeführte Studie kam zu dem Ergebnis, dass die Vorliebe für Konsistenz im Alter zunimmt und dass über 50-Jährige am stärksten ihr Verhalten am Commitment ausrichten (Brown et al. 2005).

Ein weiterführender Versuch untersucht die Fragestellung, was genau die erhöhte Kooperationsbereitschaft auslöst (Cohen et al. 2010). Die zentrale Frage dabei ist: Wirkt es stärker, eine Zusage über die Kooperationsbereitschaft zu erhalten oder eine solche zu senden? Die Ergebnisse sind auch hier eindeutig:

- Beide Handlungen (Senden und Empfangen) reduzierten im Vergleich zu einem Fehlen kooperativer Botschaften den Verfahrensabbruch.
- Eine „interne" Fairness-Norm wurde eher durch das Senden von Botschaften erreicht. Probanden, die Botschaften senden, achten fortan stärker auf die Fairness im Verfahren
- Ein Gefühl des Vertrauens erhöhte sich beim Erhalten von Nachrichten.

In Unterschied zur psychologischen Sicht auf die intrapersonelle Wirkung von Commitment beschreibt die Soziologin Kanter (1968) Commitment als eine individuelle Bindung zu einer Beziehung, einer Gruppe oder einer Organisation. Dazu zählt das normative Commitment. Es wird von unterschiedlichen Autoren als die moralische Verpflichtung angesehen, Gruppen- und soziale Regeln einzuhalten (Allen und Meyer 1990; Mueller et al. 1992; Stinglhamber et al. 2002). Normatives Commitment hat seine Wurzeln in der Norm der Reziprozität – ein Gefühl der gegenseitigen Verpflichtung, das wir bei allen möglichen Formen des Austausches empfinden (Meyer et al. 2002). Das gilt für Commitment in Form von Verbundensein mit einer Organisation, aber auch bei Commitment in Form einer Haltung innerhalb eines Prozesses. Verbalisieren wir Commitment, erwarten wir eine ähnliche kooperative Haltung bei anderen.

Ergebnisse zur Anwendung von Commitment in Mediationen
In dem von mir durchgeführten Versuchsreihen habe ich ein einer Meditionssituation mit verschiedenen Probanden untersucht, wie sich das Formulieren eines Commitments vor Beginn der Mediation auswirkt. Betrachtet wurde u. a., wie die Verhandlung verlief, wie sich die Versuchspersonen dabei gefühlt haben, wie sie den Verhandlungspartner im Anschluss bewertet haben. Im Vergleich dazu gab es eine „neutrale" Gruppe, die ebenso eine Mediation durchgeführt haben, jedoch ohne zu Beginn ein Commitment zu geben. Ausgewertet wurden signifikante (statistisch relevante) Unterschiede zwischen den Gruppen.

Erwartungsgemäß kam ich zu dem Ergebnis, dass die Kooperationsbereitschaft im Vergleich zu der neutralen Gruppe angestiegen ist. Die Versuchspersonen, die sich vorab ein Commitment gaben, haben sich im Durchschnitt häufiger und etwas schneller geeinigt als die Kontrollgruppe. Vor allem kurz nach dem Commitment, also ganz zu Beginn des Verfahrens, zeigten sich die Parteien wesentlich kooperativer, gegen Ende verlor sich nach und nach der Effekt.

Die nachgelagerte Befragung zeigte einen erstaunlichen und eindeutigen Befund. Diese Gruppe war überdurchschnittlich fröhlich und zuversichtlich gestimmt, hatte Spaß bei der Verhandlung, fand den Verhandlungspartner ebenfalls fröhlich, zuversichtlich und sympathisch und würde wieder mit ihm kooperieren. Zuversicht, Motivation und Sympathie für den anderen können als Folgen des Commitment interpretiert werden. Ich interpretiere diesen Befund so, dass in diesem Versuch das gegebene Commitment einen starken affektiven Effekt hat (in der emotionalen Bewertung des anderen) und sich kognitiv in Form einer damit verknüpften Handlung (tatsächliches Entgegenkommen) leicht auswirkt.

Der initiale Reiz (verfassung eines kurzen Commitments) hat in deiesm Fall nicht ausgereicht, das Verfahren über die gesamte Zeit zu verändern, er war jedoch für die affektive Ebene (die Haltung zur Varhandlung, das eigenen Befinden und die Einschätzung des anderen) ausreichend.

Der Mediator forderte in diesem Kontext die Probanden dazu auf etwas zu sagen oder zu schreiben, was ihr Motivation zu kooperieren ausdrückt:

„Bevor wir anfangen, möchte ich Sie beide bitten, kurz in sich zu gehen und sich zu fragen, ob Sie bereit sind, mit Ihrem Gegenüber das Gespräch aufzunehmen. Um sich zu einigen, ist es wichtig, dass Sie sich beide auf das Verfahren einlassen"….

Bitte richten Sie doch bevor wir starten, einen Satz oder Kommentar an Ihr Gegenüber, indem Sie ausdrücken, dass Sie bereit und offen sind, diese Verhandlung mit ihm/ihr zu führen. Sie könnten z. B. etwas schreiben, wie

„Ich werde mein Bestes tun, um fair mit Ihnen umzugehen" oder
„Ich werde versuchen, auch Ihr Interesse zu verstehen" oder
„Ich gehe sehr offen in diesen Prozess und wünsche mir, Sie tun das auch".

Ca. 1/3 der Personen fiehl es schwer, etwas Eigenes zu formulieren, sie wählten eine der angebotenen Formulierungen. Die Auswertungen zeigen jedoch, dass es in diesem Versuch eine Rolle spielte, ob das Commitment selbst verfasst oder vom Mediator wörtlich übernommen wurde. Ein eigenes Commitment führt zu deutlich mehr Einigungen als das kopierte Commitment. Auch in der Verhandlungsbewegung ist ein kleiner Anstieg der Kooperation zu erkennen.

Es gab etwas, das nicht im Fokus meiner Aufmerksam stand, mich jedoch sehr verblüffte. Diese Versuchsgruppe wurde als einzige vom Mediator aufgefordert ein Commitment zu formulieren- sie taten dies in schriftlicher Form. Zu diesem Zeitpunkt- bevor die Mediation überhaupt angefangen hat, fand also die erste überlegte

Kommunikation statt. Die Probanden anderer Gruppen tauschten sich zu diesem Zeitpunkt noch gar nicht aus. Diese initiale Aufforderung einen Kommentar an den anderen zu richten, also mit den anderen in Kommunikation zu treten führte dazu, dass die Medianden deutlich mehr im Laufe der Mediation kommunizierten. Sie benutzen signifikant mehr Worte und Kommentare im Verlauf der Mediation als alle anderen Gruppen. Das kann ebenfalls ein Effekt des Konsistenzprinzips sein-konsistent zu bleiben in seiner Kommunikation. Es kann jedoch auch so etwas wie ein Schleusenöffner sein. In meiner Erfahrung sind Medianten zu Beginn der Mediation häufig verunsichert, nervös und aufgewühlt. Das ist kein Wunder. Sie befinden sich in Konflikt mit ihrem Gegenüber, fühlen sich vielleicht verletzt, sind verärgert oder enttäuscht. Im Laufe das Konflikts hat sich das Bild des Gegenübers verändert. Das Mitgefühl ist häufig verloren gegangen, die Bereitschaft zuzuhören oder gar die Punkte des anderes zu verstehen sinkt. Jetzt sitzen sie sich gegenüber und es ist nicht verwunderlich, dass die Skepsis groß ist. „Gelingt es uns, miteinander vernünftig zu reden?" „ist es überhaupt möglich den Konflikt zu klären?" „kann ich jemals Frieden schließen?" Die meisten meiner Medianten würden diese Fragen zu Zeitpunkt der Beginn der Mediation verneinen. Typisch sind gesenkte Köpfe, Blicke, die aneinander vorbeischauen und schweigen. Manchmal dauert es länger, das Gespräch in Schwung zu bringen, das Schweigen zu brechen, die Blicke zu verbinden. Durch das Commitment am Anfang, scheint dieser Prozess beschleunigt. Ein erster Schritt ist getan, ein erstes positives Signal wurde empfangen und die Zunge gelöst.

Das Empfangen eines Commitment hat Auswirkungen auf das Vertrauen. Es ist davon auszugehen, dass das Empfangen eines Commitment und die daraus resultierende Vertrauenssteigerung den positiven Effekt des Commitment-Gebens untermauert und verstärkt.

3.2 Handlungsempfehlung für die Praxis

Meine Handlungsempfehlung ist, in der ersten Phase einer Mediation vor Beginn der Verhandlung aktiv ein Commitment beider Probanden einzufordern. Der Mediator kann z. B. die Probanden dazu anregen, sich etwas Zeit zu nehmen und aufzuschreiben, was sie sich persönlich für die Verhandlung vornehmen. Unterstützende Fragen könnten lauten:

„Was nehmen Sie sich vor für den bevorstehenden Prozess? Wie möchten Sie Ihre Bereitschaft zur Kooperation (die Sie durch Ihre Anwesenheit zum Ausdruck bringen) dem anderen zeigen?"

„Was wünschen Sie sich vom Partner bezüglich seiner Kommunikation, seines Verhaltens oder seiner Offenheit für das kommende Verfahren?"

Zu empfehlen ist, etwas Bedenkzeit zu lassen. Die Medianten können ihre Wünsche und Vorsätze schriftlich auf eine oder mehrere Moderationskarten schreiben oder direkt aussprechen. Dabei ist es von Vorteil (wenn möglich), dass sich die Medianten dabei in die Augen schauen und die Kommunikation nicht über den Mediator läuft. Als Regel gilt: Je überlegter, klarer und direkter, desto größer der Effekt des Commitment. Denn je mehr Mühe oder Überwindung ein Commitment kostet, desto stärker verankert sich der Effekt der Konsistenz und desto überzeugender ist für den anderen das Signal der Kooperationsbereitschaft, welches wiederum im besten Fall Reziprozität als Gegenseitigkeit auslöst.

Auch für einen transformativen Ansatz der Mediation sind Commitments interessant. Dieser Ansatz beabsichtigt, den Streitparteien neben dem aktuellen Verfahren Methoden für kommende Konfliktsituationen an die Hand zu geben. Er hat zum Ziel, die Haltung der Beteiligten zu Konflikten oder deren Bearbeitung zu verändern. Denn Commitments sind nicht nur für die Situation relevant, in der sie eingetreten sind; sie gelten für ein breites Spektrum von ähnlichen Situationen. Sie sind sehr nachhaltig.

Eine gesteigerte Form des Commitment ist es schon zu Beginn der Mediation ein gemeinsames Ziel zu formulieren. Wenn es die Situation erlaubt und ich sehe, dass die Medianten zu diesem Zeitpunkt schon in der Verfassung sind, miteinander in direkten Kontakt zu kommen (und nicht nur über den Mediator zu kommunizieren) dann frage ich sie nach einem gemeinsamen Ziel der Mediation. Das ist so etwas wie der kleineste gemeinsame Teiler. Es geht nicht um konkrete Inhalte, sondern um übergeordnete Ziele. Das kann so etwas sein wie: „das Ziel ist, dass wir wieder miteinander arbeiten können". „Dass sich unserer Kommunikation verbessert". „Dass wir als Eltern funktionieren". Dieses Ziel zu finden, ist ein kleiner erstes Aushandlungsprozess. Dabei müssen sich die Beteiligten nicht auf *ein* Ziel einigen, sie sollten jedoch die Wünsche des/der anderen anerkennen und nicht ablehnen. In der Regel gelingt das erstaunlich gut. Wenn Parteien freiwillig zur Mediation kommen, existiert normalerweise das gemeinsame Ziel, den Konflikt zu bearbeiten. Wenn es darüber hinaus Ziele und Wünsch gibt, die sie schaffen, gemeinsam zu formulieren, dann ist damit ein positiver Rahmen für die Gespräche gelegt. Ich bitte, die Medianten diese gemeinsamen Ziele und Wünsche auf eine Karte zu schreiben. Die hänge ich im Raum auf. Ein starkes Commitment. Darauf weise ich während des Prozesses immer wieder hin. Z. B. wenn es schwierig wird in Einzelthemen oder ich das

3.2 Handlungsempfehlung für die Praxis

Gefühl habe, die Medianden gleiten tief in alte Streitmuster ab, dann dient diese Karte als Fokussierung und Erinnerung, warum sie eigentlich hier sind.

Auch ein „Commitmentvertrag" kann ein guter Einstieg in eine Mediation sein. Es wird dabei schon ganz zu Beginn der Mediation eine Mini-Einigung erzielt und festgehalten. In diesem „Vertrag" formulieren die Konfliktparteien, was sie tun oder lassen können, um den Prozess konstruktiv zu gestalten. Ich höre in diesem Schritt häufig Aussagen wie: „Ich versuche, nicht ungeduldig zu reagieren". „Ich bemühe mich, ruhig zu bleiben". „Ich werde offen und ehrlich zu Dir sein". Diese Aussagen, die mit einer Selbstreflektion darüber verbunden sind, was der andere braucht, sind Selbstoffenbarungen. Wenn ich formuliere: „Ich möchte versuchen, geduldig zu bleiben", dann impliziert dies, dass mir bewusst ist, dass ich in der zurückliegenden Kommunikation nicht immer geduldig war und selbst sehe, dass das nicht hilfreich ist, um die Situation zu verbessern. Die Medianten sind häufig überrascht davon, dass die andere Konfliktpartei bereit ist, etwas zu tun oder zu geben, was dem Prozess und ihnen hilft. Das ist ein erster kleiner Schritt der Kooperation und setzt einen Ton für den weiteren Verlauf. Eine Vorlage, wie ein solcher Vertrag aussehen könnte, befindet sich im Anhang.

Verstärkt wird der Effekt des Commitment dann, wenn auch andere davon mitbekommen, dass wir z. B. einen Standpunkt eingenommen haben oder einen Vorsatz getroffen haben. Wenn wir einen Standpunkt vor anderen einnehmen, dann entsteht eine Motivation, diesen auch beizubehalten, da wir vor anderen konsistent erscheinen.

In einem Mediationsverfahren ist der Mediator eine außerhalb des Konflikts stehende Person. Wenn der Mediator in der ersten Phase die Commitments der Parteien nochmals aufgreift und reformuliert oder sichtbar im Raum aufhängt, löst das den beschriebenen Effekt aus.

Auch in einer anderen Phase der Mediation ist dieser Effekt relevant. Erlebt habe ich das z. B. bei der Lösungsfindung nach der Klärung von Konflikten zwischen Kollegen. Häufig ist von einem Konflikt zwischen zwei Mitgliedern eines Teams auch das Umfeld direkt oder indirekt von den Auseinandersetzungen betroffen. Haben die beiden Kollegen ihren Konflikt nun in einer Mediation geklärt und Vereinbarungen und vielleicht Regeln im Umgang miteinander definiert, dann ist es im Sinne der Stabilisierung der Lösung hilfreich, wenn die beiden ihre Lösungsansätze ihren Kollegen/-innen mitteilen. Sie committen sich damit vor anderen dazu.

Das hat außer einem erleichternden Effekt für die Gruppe auch eine verstärkende Wirkung der Vorsätze aufgrund der Konsistenz, die durch ein Commitment erzeugt wird.

Machen Sie doch einen kleinen Selbstversuch. Vielleicht sind sie Mediator oder Mediatorin und nehmen sich vor, in der nächsten Sitzung mit einem Commitment zu beginnen. Schreiben sie sich kurz einen Notizzettel mit einer Botschaft an sich selbst, formulieren Sie, wie sie am besten vorgehen werden und welche Formulierungen sie benutzen. Vielleicht haben sie aber auch einen eigenen Vorsatz, dann formulieren sie diesen- möglichst konkret und ausführlich. Denn jeder Vorsatz ist eine Art Commitment und funktioniert ganz ähnlich!

3.3 Empowerment

„Ressource aktivieren", „Menschen stark machen", „Selbstbestimmung unterstützen" sind Schlagworte, die in den letzten Jahren dem Handlungskonzept des „Empowerment" zugeschrieben werden. Empowerment ist nach Meinung seiner Kritiker zum „Modebegriff" sehr unterschiedlicher, oft nicht genau definierter Vorgehensweise avanciert, angewendet in unterschiedlichen Disziplinen und Kontexten.

Ursprünglich aus Bürgerrechtsbewegungen und community work (gemeindebezogener Sozialarbeit) der USA kommend, werden der Begriff und damit verbundene Methoden, Programme, Modellprojekte und Haltungen heute in psychosozialen Kontexten, Erziehungskontext, Ökonomie, Behindertenarbeit, in Gender-Projekten, in Organisationen und Unternehmen, sozialen (feministischen) Bewegungen und anderen Feldern verwendet.

Empowerment wird in der Fachsprache meistens als Anglizismus verwendet – in der deutschen Übersetzung haben sich die Autoren (noch) nicht auf einen Begriff geeinigt. Empowerment wird oft übersetzt mit Selbststärkung, Selbstbemächtigung oder auch Selbstbefähigung (Herriger 2002, S. 12). Die übergeordnete Gemeinsamkeit des Verständnisses von Empowerment scheint die „Stärkung" der fokussierten Zielgruppe. Stärkung meint je nach Kontext unterschiedliche Ziele und Vorstellungen: Z. B. im psychiatrischen Kontext kann Stärkung heißen, die Selbstbestimmung und Eigenverantwortung zu stärken; in Projekten benachteiligter Jugendlicher werden eher die Unabhängigkeit und das Selbstbewusstsein betont; in der Gemeindearbeit wird die Ressource der Gemeinschaft gestärkt und in feministischer Arbeit das Durchsetzungsvermögen der Frauen geschult.

Es gibt wenige wissenschaftliche Studien und die Definition des Begriffs Empowerment ist oft abhängig vom untersuchten Anwendungsfeld.

Empowerment – Definitionen und Konzepte

Das Oxford English Dictionary (1989) definiert Empowerment so: „Authority or power given to someone to do something." Und: „The process of becoming stronger and more confident, especially in controlling one's life and claiming one's rights." Während die erste Definition ein passiver Akt ist – „Autorität oder Macht wird an jemanden übertragen, um etwas zu tun" –, beschreibt die zweite Definition einen aktiven Prozess, stärker und selbstsicherer zu werden. Die Definition geht nicht darauf ein, wie dieser Prozess gestaltet ist, gibt aber eine Möglichkeit (especially) der Ziele des Prozesses an, „sein Leben zu gestalten und für seine Rechte einzustehen".

Andere Autoren präferieren die Definition von Empowerment als „motivational structure", durch welche Personen bemächtigt werden, Macht oder Kontrolle aktiv zu übernehmen und nicht (passiv) auf sie zu übertragen.

Andere Autoren sehen Empowerment als sozialen Prozess, Kontrolle über das eigene Leben (wieder) zu gewinnen. Die Autoren erweitern den Fokus damit: Denn Kontrolle im Leben wiederzugewinnen, klingt zum einen nach einem großen Vorhaben, zum anderen impliziert dies, dass sich Empowerment (nur) an eine Zielgruppe richtet, bei der diese Kontrolle verloren oder geschwächt ist. Diese Sichtweise auf Empowerment ist häufig bei Autoren und Initiatoren jener Projekte zu finden, die sich mit einer benachteiligten Zielgruppe befassen. Empowerment ist in dieser Betrachtung dazu da, (über-)lebensnotwendige Strategien und Verhaltensänderungen anzustoßen.

In anderen Definitionen wird zur Erklärung des Begriffs der Schwerpunkt auf das Wort „power" gelegt, das im Wort Em**power**ment steckt. Sie verstehen Empowerment als einen Prozess des Umdenkens und der Neudefinition der Konnotation von „Macht" (power). Die sozialwissenschaftliche Sicht auf den Begriff „Macht" ist verknüpft mit „Einfluss" und „Kontrolle" und häufig als Struktur, abgekoppelt von menschlichem Handeln, beschrieben. Oder aber, mit unserer Fähigkeit verbunden, andere zu unterdrücken, zu manipulieren und zu zwingen etwas zu tun, was nicht deren Wünschen und Interessen entspricht: Macht bedeutet in einer sozialen Beziehung den eigenen Willen auch gegen Widerstreben durchzusetzen (Weber und Weber 1980, S. 28).

Der Machtaspekt spielt in der politischen Definition eine Rolle: Empowerment wird hier als ein konflikthafter Prozess der Umverteilung von politischer Macht gesehen. Dazu zählen z. B. politische Bewusstseinskampagnen durch Erziehung oder Alphabetisierung, feministische Bewegungen, Bürgerinitiativen oder PR-Kampagnen für die Beachtung von Interessen von Gruppen und/oder Minderheiten.

Empowerment hat in diesem Kontext zum Ziel, die Macht gerechter zu verteilen (Berger et al. 1996, S. 164). Power in der Übersetzung von „Kraft", „Energie" oder „Stärke" wird in naturwissenschaftlichen und sozialen Kontexten häufig als Nullsummenspiel bewertet. Der Verlust von Kraft, Stärke und Macht zieht den Gewinn eines anderen nach sich. Dies entspricht nicht dem Bild des Empowerments. „Power" ist in diesem Verständnis kein Nullsummenspiel, sondern Macht und Stärke wird geteilt und verteilt. In der Literatur wird dies als „relational power", „generative power" und als „integrative power" beschrieben (Lappé und Du Bois, 1994; Kreisberg 1992; Korten 1987).

In der Psychologie wird Empowerment u. a. als ein Prozess verstanden, in dem der Glaube an die Selbstwirksamkeit eines Akteurs verbessert wird (Bandura 1985). Diese Beschreibung unterscheidet sich insofern von anderen Richtungen, als das bereits dort Empowerment gesehen wird, wo Menschen ihren Glauben an sich selbst (genauer ihre Selbstwirksamkeit) erlangen oder verbessern. Das kann entweder durch die Bestärkung des Glaubens an sich selbst passieren oder durch eine Abschwächung des Glaubens an die persönliche Machtlosigkeit. Selbstwirksamkeit (self-efficacy) ist in diesem Kontext ein inneres Bedürfnis, vergleichbar mit dem intrinsischen Wunsch nach Selbstbestimmung (Deci 1975). Diese Definition unterscheidet sich wesentlich von jenen, bei denen Empowerment als Möglichkeit definiert wird, etwas zu tun. Hier fängt Empowerment bereits beim Glauben an die Veränderung an.

Die Wirkung von psychologischem Empowerment wird häufig auf der Ebenen der interpersonellen Komponente und der Interaktion beschrieben (Zimmerman 1995). Das Empowerment auf der interpersonellen Ebene richtet sich nach der Art und Weise, wie Menschen über sich denken. Dabei geht es vornehmlich um wahrgenommene Kontrolle, Selbstwirksamkeit, Motivationskontrolle und wahrgenommene Kompetenz. Die Komponente der Interaktion beschreibt, wie Menschen ihr soziales Umfeld verstehen, bewerten und sich damit identifizieren. Je nachdem, wie diese beiden Bewertungen ausfallen, entfaltet Empowerment mehr oder weniger Wirkung.

So unterschiedlich die Autoren Empowerment auch definieren, in einem Punkt erreichen sie Konsens: Sie kritisieren die fehlende Begriffsschärfe und theoretische Absicherung des Begriffs.

Die beschriebenen Definitionsansätze betrachten Empowerment als einen Prozess, der zum Glauben an eine Veränderung oder eine tatsächliche Veränderung von lebensentscheidenden und essenziell wichtigen Haltungen oder Voraussetzungen und Bedingungen führt. Diese Definitionsübersicht (die keinen Anspruch auf Vollständigkeit erhebt), habe ich zum besseren Verständnis des Gesamtkonzepts aufgestellt.

Empowerment in der Mediationsforschung

Analog zur Begriffsdefinition von Empowerment wird der Ausdruck in der Mediation ebenfalls heterogen verwendet: Während einige Theorien und Autoren die Verwendung von Empowerment in der Mediation als Startpunkt einer persönlichen Transformation der Selbstbestimmung von aktueller und zukünftiger Konfliktbearbeitungen betrachten, sehen andere im Empowerment (lediglich) eine motivierende Technik, die mit dem Ziel eingesetzt wird, den Verhandlungsverlauf positiv zu beeinflussen.

Auch wenn Empowerment zum häufig verwendeten Vokabular von Mediatoren und Mediationsausbildern gehört, wird oft nicht näher beschrieben, was genau damit gemeint ist und wie es funktioniert. Der Mediator wird im allgemeinen Verständnis als Akteur gesehen, der durch seine Verhandlungsführung und seine gezielten Interventionen die Mediaten „empowered" – also bestärkt, bemächtigt oder motiviert.

Eine Mediation, deren Kern das „Empowerment" ist, folgt dem „Empowerment-to-recognition"-Konzept. Dabei liegt der Fokus des Mediators darauf, die Parteien darin zu bestärken ihren eigenen Weg der Konfliktlösung zu finden und ein Verständnis für den anderen als Menschen unabhängig vom aktuellen Konflikt zu entwickeln (Robert A. et al. 1989, S. 258). Der Mediator hat hier die Rolle des Bestärkers der Autonomie und der Selbstbestimmung. Diese so die Befürworter dieses Ansatzes, seine die eigentlichen Vorteile von Mediation gegenüber anderen Verfahren zur Konfliktbeilegung. Denn es liegt weder in der Rolle noch im Interesse von Schlichtern, Schiedsrichtern oder gar Richtern, diese Eigenermächtigung der Parteien zu fördern. Diese verhandeln nach einem „autoritärem" Muster, in dem Entscheidungen für die Parteien getroffen werden. Diese bestärkende Rolle ist allein dem Mediator vorbehalten.

Die Parteien aktivieren in der Mediation ihre Ressourcen, um ihren Konflikt eigenständig zu lösen. Durch diesen Prozess erleben sie die konkrete Möglichkeit, ihre (Lebens-)Umstände zu kontrollieren, und zwar unabhängig davon, ob sie sich geeinigt haben oder nicht. Diese Erfahrung befähigt sie, in zukünftigen Situationen auf diese erlebte Möglichkeit zurückzugreifen und selbstbestimmt zu handeln (Gardner et al. 1986; Stuhlberg 1987).

Diese Sicht auf die Mediation als „Übungsfeld" ist in der Theorie der transformativen Mediation verankert. In diesem Ansatz ist der Gewinn einer Mediation, nicht unbedingt eine Lösung zu finden, sondern der Prozess an sich ist das Ziel. Mediatoren wird geraten, eine Lösung der Parteien nicht nach deren Empfinden von Fairness oder Umsetzbarkeit zu beurteilen oder gar die Parteien auf mögliche Unstimmigkeiten hinzuweisen, sondern alleinig den Schritt der eigenen Lösungsfindung der Parteien zu bestärken und wertzuschätzen – egal welche formale und inhaltliche Qualität diese haben.

Eine weitere Facette des Empowerment in der Mediation ist das Miteinander der Parteien zu stärken (Fuller 1970, S. 325). Das bedeutet u. a. die Kooperationsbereitschaft zu verbessern. Das geschieht, so die Idee dahinter, durch den gemeinsamen Weg der Mediation und durch die aktive, verbale Intervention des Mediators. Um diese verbale Präsenz zu erreichen, muss der Mediator nach Ansicht einiger Autoren „pushen" (Robert et al. 1989): Er gestaltet aktiv den Prozess, motiviert und ermutigt die Medianten während des gesamten Prozesses, ihre Interessen zu formulieren, Lösungen selbst zu gestalten und kooperativ miteinander umzugehen. Der Mediator nimmt dabei die Rolle eines Erzählers an.

Diese narrative Perspektive zur Induktion von Empowerment in den Mediationsprozess ist eine mögliche Technik. Die Richtung hat ihren Ursprung in der therapeutischen Arbeit und ist vornehmlich an Einzelpersonen und nicht an Gruppen gerichtet. In der Mediation wird sie am ehesten im Kontext der Familienmediation angewandt. Ziele des Empowerment sind die Stärkung der Selbstachtung und des Selbstwertgefühls (Haynes und Haynes 1989), die Verbesserung der Kontrolle über Entscheidungen durch die Reduktion schmerzhafter Emotionen (Marlow und Sauber 1990) und die Wahrnehmung von wachsender Macht und Kraft (Singer 1990). Bei der narrativen Mediation werden die Geschichten der Medianten in Erzählungen mit eigenen Charakteren und Handlungsverläufen gepackt. Diese werden nicht etwa allein vom Mediator erzählt, sondern entwickeln sich im besten Fall in einem Dialog. Es geht um Dekonstruktion und Rekonstruktion. Der Perspektivwechsel vom Betroffenen zum Erzähler oder Zuhörer aktiviert Möglichkeiten, Abläufe in einen anderen Kontext zu stellen oder aber über den Weg der fiktiven Personen eine Verhaltensänderung zu erreichen. Der Ansatz ist in erster Linie therapeutisch und funktioniert vor allem über das Aktivieren psychischer Prozesse (Silbey und Merry 1986).

Einige Wissenschaftler sehen die Hauptaufgabe von Mediatoren darin, die Parteien zu motivieren (bestärken), ein gemeinsames Verständnis der wechselseitigen Abhängigkeit zu entwickeln, um in der Folge die gegenseitige Kooperation zu stärken (Tjosvold und van de Viert 1994). Andere lenken den Fokus auf die individuelle Haltung zu Konflikten in Abhängigkeit von der eigenen psychischen Weiterentwicklung. Sie sehen die Stärke des Empowerment darin, die Kapazität für eine empathische Sicht der Beteiligten zu steigern, um darüber die Kooperation zu verbessern (McGuigan und Popp 2007).

Wie weiter oben bereits ausgeführt, wird Empowerment auch als Führungswerkzeug eingesetzt, mit dem Ziel, Mitarbeiter zu motivieren, zu binden und

3.3 Empowerment

deren Leistung zu verbessern. Es besteht hier eine Verbindung zwischen der Rolle einer Führungskraft und der Rolle des Mediators. In empirischen Studien (zum Umgang mit Zeitdruck in der Mediation) wurde das Verhaltensmuster von Führungskräften auf das Verhalten von Mediatoren übertragen. Es wurde dabei zwischen personenorientiertem und sachorientiertem Verhalten unterschieden. Das personenorientierte Verhalten eines Mediators zeigte im Laborexperiment Vorteile: Die Medianten performten effizienter, einigten sich besser, und der Mediator wurde im Anschluss in den Kategorien Sympathie und Persönlichkeit besser bewertet. Dieses personenorientierte Verhalten geht mit einer Zugewandtheit des Mediators einher, er empowert die Medianten, miteinander zu kooperieren. Das geschieht vornehmlich durch verbale Interventionen. Ähnlich einer Führungskraft, sieht er seine Rolle in der persönlichen Stärkung der Medianten.

In der englischsprachigen Literatur wird jemand, der Empowerment stimulieren kann, auch als „change agent" bezeichnet. Das kann z. B. ein Trainer sein, eine Führungskraft oder auch ein Mediator (Roger und Singhal 2003).

Wie genau jedoch dieser Prozess stimuliert wird und sich im Kommunikationsverhalten abbilden lässt, ist bislang wenig erforscht: Aus der Psychologie wissen wir, dass Menschen sich dann bestärkt fühlen, wenn sie das Gefühl haben, angemessen mit den Anforderungen der Umgebung umgehen zu können (das können Situationen und Personen sein). Wenn sie nicht in der Lage sind, diese Anforderungen zu erfüllen, fühlen sie sich hilflos (Conger 1989, S. 18).

Eine Stärkung in Form eines Empowerments wird u. a. in der Psychologie unterteilt in eine positive emotionale Unterstützung bei Erfahrungen, die mit Stress und Angst verbunden sind, durch Worte der Ermutigung und positiven Überzeugungsarbeit, durch die Beobachtung der Effektivität anderer – also Erfolgsmodelle zu haben, mit denen man sich identifiziert – und durch die tatsächliche Erfahrung der Bewältigung einer Aufgabe mit Erfolg (Bandura 1985).

Es existieren viele Studien mit positivem Ausgang von erfolgtem Empowerment und eher kritische Arbeiten, in denen die Autoren ein Evaluationssystem für Empowerment in verschiedenen Bereichen fordern. Es gibt zwar unterschiedliche Ansätze und Vorschläge für Kriterien und Skalen, jedoch keine ausreichenden Studien zur Wirksamkeit der Evaluationsinstrumente von Empowerment (Speer 2000, Loos und Wiese 2008; Wallerstein 1999).

Eine Schwirigkeit der Betrachtung der Wirkung von Empowerment in der Mediation sehen die Autoren in den unterschiedlichen Settings, Interpretationen und Anwendungsfeldern.

Wissenschaftliche Arbeiten, in denen Empowerment keine oder gar „unerwünschte" Wirkung entfaltete, existieren vereinzelt. Negativ wird z. B.

Empowerment dann gesehen, wenn es dem Empfänger „zu Kopf steigt" und sich daraus ein übergroßes Ego entwickelt, das zur Selbstüberschätzung und zu Fehlentscheidungen tendiert (Conger und Kanungo 1989, S. 480).

Als ich in meinem Versuch Empowerment getestet habe, bin ich davon ausgegangen, dass sich eine bestärkende Intervention des Mediators positiv auswirkt auf die Kooperationsbereitschaft und die Wahrnehmung der Medianden. In dieser Versuchsgruppe hat der Mediator die Medianden in ihrer Selbstbestimmung und ihrem Weg bestärkt. In den Vergleichsgruppen fehlte diese Bestärkung vollständig. Die Ergebnisse, die ich erhalten habe, sind eindeutig und überraschend. Es zeigte sich das Gegenteil: Die Medianden haben im Vergleich zu den anderen Gruppen nicht gut miteinander kooperiert! In dieser Gruppe fanden die wenigsten Personen eine Lösung. Auch die Kommentare, die untereinander ausgetauscht wurden, waren nicht sehr positiv, sondern eher kühl und distanziert- die Konfrontation überwog. Allein im Nachgang konnte eine gesteigerte Selbstsicherheit der Probanden gemessen wurden.

Zusammengefasst stellte sich die Situation so dar: Der Mediator agierte bestärkend und motivierend. Die Reaktion der Medianden jedoch war unerwartet harsch: sie kooperierten weniger, tauschten eher konfrontative Nachrichten aus und das, obwohl sie ich in ihrem Selbst bestärkt fühlten. Anders als die Teilnehmer der anderen Gruppen empfanden sie eine gesteigerte Selbstbestimmung. Und in dieser Gruppe wurde der Mediator als besonders positiv und kompetent im Nachgang bewertet. Wie passt das zusammen?

Eine Erklärung der Verbindung zwischen niedriger Kooperationsbereitschaft und positiver Bewertung des Mediators könnte durch einen Zusammenhang erklärt werden, der auch in anderen Versuchsdesigns beschrieben wurde: Wird ein Mediator besonders gut bewertet, ist davon auszugehen, dass die Probanden ihn als Experten anerkennen und er dadurch eine gewisse Macht erlangt. In einer Situation jedoch, in der er diese machtvolle Position einnimmt, überlassen die Medianden ihm eher die Verantwortung für den Prozess und für die Lösungsfindung und kooperieren weniger miteinander.

Diese Erklärung ist jedoch mit der gesteigerten Selbstbestimmung der Probanden nicht konsistent und muss daher für diesen Versuch verworfen werden.

Ich habe intensiv nach Beispielen in der Literatur gesucht, in denen Autoren zu einem ähnlichen Befund zu den Wirkungen von Empowerment wie in diesem Versuch kommen. Bei der Suche nach einer Gegenthese für die Wirksamkeit von Empowerment drängte sich mir der Eindruck auf, dass die Beforschung dieses Feldes tendenziell von positiven Annahmen zur Wirkung der Autoren beeinflusst ist.

Hier haben wir zwar ein gestärktes Selbst gesehen, jedoch ist das Entgegenkommen nicht etwa auf dem durchschnittlichen Niveau verblieben und hat sich

3.3 Empowerment

nicht verbessert – nein, es hat sich deutlich (im Vergleich zu den Referenzen) verschlechtert. Und das nicht etwa, weil der Mediator in den Augen der Medianten einen schlechten Job gemacht hätte oder nicht kompetent und vertrauenswürdig gewesen wäre, sondern im Gegenteil: Die Probanden fühlen sich sicherer und zuversichtlicher, sie loben die Fähigkeiten des Mediators, sind während der Verhandlung den Kommentaren nach positiv gestimmt und redelustig, und dennoch einigen sie sich deutlich schlechter als andere Gruppen.

In den Daten fand ich weitere Hinweise und Zusammenhänge:

Die bestärkende und motivierende, durchweg positive Rhetorik des Mediators wird von den Probanden als Bestätigung ihres Verhaltens empfunden und führt dazu, dass sie bei der einmal eingeschlagenen Verhandlungslinie bleiben und sich nicht „anstrengen", dem Gegenüber stärker entgegenzukommen. Sie erleben keine störenden Dissonanzen in den Kommentaren des Mediators und bleiben deshalb auch konsistent. Sie verlassen sich gewissermaßen auf die positive Einschätzung des Mediators über den Fortgang der Verhandlung und verlieren das tatsächliche Ziel der Einigung aus dem Auge.

Generell liegt im verbalen Bestärken eine Möglichkeit zur Stärkung der intrinsischen (der eigenen) Motivation, das ist unbestritten und vielfach untersucht. Durch Lob und Bestärkung werde die Aktivität, ähnlich wie durch andere externe Anreize (z. B. Geld, Anerkennung), zusätzlich positiv aufgeladen und erhöhe die Motivation. Jedoch scheint die Dosierung dieser verbalen Anfeuerung entscheidend. Auch dies könnte hier der Fall gewesen sein, denn der Mediator hat in fast jedem seiner Kommentare die positive Richtung der Verhandlung bekräftigt – war es zu viel des Guten?

Handlungsempfehlungen für die Praxis
Ausgehend von meinen Befunden habe ich Vorschläge zur Handlungsempfehlung für die Praxis entwickelt.

Es ist achtsam mit dem Empowerment in der Mediation umzugehen. Nicht um jeden Preis, so scheint es, führt das Empowerment zum gewünschten Resultat.

Es kann in einem Kontext, in dem die Medianten geschwächt sind oder psychisch nicht sehr stabil erscheinen, angebracht sein, das Bestärken der Personen über den direkten Ausgang der Verhandlung zu stellen: In diesem transformativen Ansatz geht es darum, eine stabilere persönliche Basis zu schaffen, auf der erst im Laufe des Verfahrens Annäherung möglich ist.

In einer Mediation, in der es jedoch vornehmlich um die Einigungsqualität geht (z. B. Mediation zwischen Unternehmen), scheint die Technik des Empowerment nicht uneingeschränkt förderlich. Zu groß ist die Gefahr, dass sich die Parteien in der guten und motivierenden Atmosphäre des verbalen

Empowerment zurücklehnen und sich in ihrer zurückhaltenden Kooperation z. B. bestätigt fühlen.

Vermutlich, so meine Ergebnisse, führt eine stärkende Art und Weise der Moderation zu einer guten Bewertung des Mediators. Offen bleibt jedoch die Frage nach dem Warum und worauf die Bewertung im Kern basiert: Wurde er besser bewertet, weil er, überspitzt formuliert, als Claqueur und Motivator die Probanden in ihrer Komfortzone belassen und in ihrem Selbstbild nicht gestört hat? Dann wäre das eine unerwünschte positive Bewertung, auf die jeder ernstzunehmende Mediator zugunsten eines professionellen Verfahrens verzichten sollte.

Oder ist die positive Bewertung die Anerkennung dafür, dass der Mediator mit seiner bestärkenden Moderation einen Rahmen geschaffen hat, in dem sich die Medianten sicher in einer für sie unsicheren Situation fühlten? Dann war die Intervention erfolgreich und ist nicht rein selbstreferenziell.

Das Bewusstsein dafür, dass Empowerment kein Allheilmittel ist und dass viele Autoren und Mediatoren mit dem Begriff Unterschiedliches meinen, könnte einen eigenen „Definitionsprozess" bei den Anwendern anregen.

Ich empfehle daher jedem Mediator und Mediatorin und Ausbilder und Ausbilderin, das Konzept des Empowerment einmal für sich oder in der Supervision in diesen Punkten zu durchdenken, um die Benutzung für die eigene Praxis zu schärfen.

- Was möchte ich damit erreichen?
- Wie drücke ich Empowerment verbal aus?
- In welcher Situation hilft es? In welcher Situation kann es eher kontraproduktiv sein?
- Bin ich bereit, auf Empowerment zu verzichten, auch wenn ich als Mediator dann möglicherweise als härter und unsympathischer bewertet werde?
- Habe ich im Nachgang zur Mediation Anhaltspunkte dafür, was meine bestärkenden Interventionen ausgelöst haben, und kann ich vielleicht Muster erkennen?

In meiner Mediationspraxis habe ich beide Seiten erlebt:

Es war eine angespannten Erbmediation, in der die vier Geschwister seit dem Tod der Mutter verbitterte führten. Das Erbe war so groß, dass sich fortan keiner der vier Gedanken, um den Lebensunterhalt zu machen brauchen. Die Aufteilung des Großen und Ganzen war bereits geschehen und jeder hatte seinen Anteil erhalten- dies war unstrittig. Es ging um die Aufteilung von Fotos, kleinen Möbelstücken und Bildern und Schmuck- das meiste davon reine Erinnerungswerte. Für die Geschwister spiegelte sich in der Diskussion über die Aufteilung

3.3 Empowerment

dieser Stücke Machtkämpfe aus der Kindheit, Wertschätzung Anerkennung der Eltern und alte Verletzungen brachen auf. Die Situation in der Mediation war sehr angespannt- das große Schweigen lag über den Medianten, Bitterkeit lag im Raum. Es war ein Prozess der kleinen Schritte. In dieser Mediation war einer meiner wirksamsten Methoden das Empowerment. Ich formulierte Wertschätzung für die kleinen Aufeinanderzubewegungen, motivierte die Geschwister direkt miteinander zu sprechen, sich anzusehen, Gefühle zu äußern- für sich zu entscheiden. Fast mütterlich kam mir meine Rolle vor- ein vorsichtiges Unterstützen und Mut zusprechen. In diesem Fall war es erfolgreich. Ich hatte den Eindruck, nach langer eisiger Atmosphäre, war es den Medianten eine Hilfe, bei ihren ersten gemeinsamen Schritten, verbal von mir an die Hand genommen zu werden. Die Bestärkung führte dazu, dass sie sich weiter trauten aufeinander zu zubewegen. Bis plötzlich der Untergrund, auf dem sie sich bewegten sicherer wurde- ich mich zurückziehen konnte und die Geschwister miteinander ins Gespräch kamen. Sie haben es sehr behutsam und langsam geschafft, Verständnis für die Bedürfnisse der anderen zu entwickeln. Sie haben es geschafft, über den Rand alter Muster hinweg zu gucken. Sie haben Frieden miteinander geschlossen. Die Aufteilung der Erinnerungsgegenstände war am Ende völlig unkompliziert. Eine Mediation, in der Empowerment der Schlüssel zur Stärkung der Medianten und Ihrer Gemeinsamkeit war.

In einem anderen Fall erlebte ich etwas anderes. Eine Mediation am Arbeitsplatz. Zwei Kollegen stecken in einem Konflikt über Arbeitsauftailung, Verantwortlichkeiten, Kommunikation untereinander. Beide waren ähnlich extrovertierte und impulsive Typen. Der Streit erreichte zuweilen Spitzen, dann schrien sich die beiden im Büro an, sprachen tagelang nicht mehr miteinander. Mittlerweile waren auch Kollegen von den Zankereien berührt. Eine Zusammenarbeit wurde schwierig, die Stimmung war explosiv. In die Mediation kommen die beiden mit einer professionellen Haltung. Sie gaben sich die Hand zur Begrüßung, plauderten ein bisschen über die Anfahrt und schienen beide zuversichtlich, eine gemeinsame Lösung zu finden. Dies formulierten sie bereits vor dem Beginn der Mediation beide so glaubhaft und wortreich, dass ich mich zu einem Lob, einer Anerkennung dieser Haltung hinreißen ließ. Ich sagte so etwas wie „das passiert selten in meiner Mediationspraxis, dass zwei Menschen wie Sie hier sitzen, die so kooperativ und positiv in das Verfahren starten. Ich bin sicher, Sie werden gute Wege der Klärung gemeinsam finden". Ich schaute in die Runde, lächelnd in Erwartung meine Motivation, mein Empowerment hätte die ohnehin bereits ausgesprochenen Kooperationsbereitschaft untermauert. Doch ich spürte plötzlich eine Kälte. Das Lächeln entwich beiden, sie lehnten sich zurück, einer kreuzte die Arme, die Augen des anderen wurden starr. Fast synchron, eine Szene wie in einem Film, in dem in eine ausgelassene Stimmung im Salon ein Cowboy mit Pistole im Anschlag eintritt. Was war geschehen? „so einfach ist es auch wieder nicht, mein Kollege hat… gemacht, gesagt, getan" „ich glaube ja nicht daran, dass wir jemals zusammenarbeiten können…" Das Gegenteil also von dem, was noch kurz vorher im Raum stand. Mir wurde klar, mein gut gemeintes Empowerment hat bei den beiden das Gegenteil ausgelöst. Es mag in ihren Ohren so geklungen haben, als würde ich Ihren Konflikt nicht ernst nehmen? Sie könnten das Gefühl bekommen haben, zu sehr aufeinander zugegangen zu sein. Holprig ging die Mediation weiter. Noch einmal rutschte mir eine Bestärkung heraus: nach einer Phase, in der die beiden sich für ihre Verhältnisse geöffnet hatten und sich gegenseitig einstanden, dass der Konflikt sie bis nach Hause verfolgt und ihnen zuweilen schlaflose Nächte bereite, entstand ein erstes Verständnis ein Mitgefühl zueinander, eine Basis der weiteren Bearbeitung. Dies Offenheit half der Bearbeitung, sie zu formulieren war aber für die beiden eine Überwindung. Die Atmosphäre änderte sich- die Stimmung wurde kooperativer. In diesem Moment machte ich etwas, was üblich in der Mediation ist- eine Zäsur. Ich fasste das Geschehen zusammen und bestärkte die beiden in ihrem Weg der Kommunikation. Ein Empowerment. Und prompt, schon wieder knallte die Salon Tür auf- nicht so stark wie beim ersten Mal- aber dennoch spürbar. Es dauerte eine Weile, bis die beiden wieder dahinkamen, wo sie schon einmal waren. Mir wurde bewusst, dass eine Bestärkung von meiner Seite in dieser Konstellation keinen positiven Effekt hat. Sie suchten die Kooperation zueinander aber hören mochten sie das nicht und schon gar nicht dafür gelobt werden. Ich habe mir jedes weitere Empowerment verkniffen. Im Weiteren habe ich sogar Lösungen kritisch hinterfragt und mich eher distanziert gezeigt. Es hat geklappt- wie zu Beginn haben die beide am Ende fast schon harmoniert und sich ergänzt in der Lösungsfindung. Sie schienen ganz entspannt. Beim Hinausgehen sagte einer der beiden zu mir: „Sehen Sie, so einfach war es nicht mit uns, wie sie dachten". Habe ich mit dem gut gemeinten Empowerment unbewusst einen Erwartungsdruck ausgeübt?

3.4 Emotionen Ärger und Zuversicht

Ärger und Zuversicht in der Verhandlung
Wenn zwei Menschen eine Meinungsverschiedenheit haben, jedoch keiner eine Emotion dabei verspürt, dann kommt es nicht zur Aushandlung dieser Meinungsverschiedenheit. Erst die Existenz von Emotionen verursacht das Bedürfnis der Klärung (Greenhalg und Davidson 1999).

3.4 Emotionen Ärger und Zuversicht

Die sozialen Effekte von Emotionen sind ein weit beforschtes Feld. Mit der Frage, wie die Emotionen eines (Verhandlungs-)Partners die Wahrnehmung und das Verhalten eines anderen beeinflussen kann, beschäftigten sich einige Wissenschaftler (van Kleef et al. 2004; Steinel et al. 2008; Morris und Keltner 2000). Die Autoren betrachten dabei nicht, wie in langer Tradition der Emotionsforschung üblich, die Auswirkungen der erlebten Emotion auf das eigene Verhalten (Frijda 2018; Russell und Barrett 1999; Levenson 1994; Izard 1992), sondern inwiefern wahrgenommene Emotionen eines Gegenübers das eigene Handeln beeinflussen.

In der Verhandlungsforschung wird von intrapersonellen Effekten (Emotionen, die das eigenen Fühlen Handeln und Denken beeinflussen) und interpersonellen Effekten (Emotionen, die sich auf das Verhalten des anderen auswirken) gesprochen. Die intrapersonellen Effekte sind im Kontext der Verhandlung weit erforscht. Die zentralen Tendenzen sind dabei, dass Verhandler, die sich gut fühlen und positive Emotionen erleben, u. a. kooperationsbereiter (Baron 1990; Forgas 1998) und offener für kreative und gemeinsame Lösungen (Isen et al.1987; Allred et al. 1997) sind, während eigene negative Emotionen sich z. B. auf die Höhe des ersten Angebots auswirken (es fällt niedriger aus)(Baron et al. 1990), die Verwendung kompetitiver Strategien erhöhen (Forgas 1998) und den Wunsch, in Zukunft zusammenzuarbeiten, minimieren (Allred et al. 1997).

In meiner Betrachtung konzentriere ich mich auf die interpersonellen Effekte: Ich untersuche, wie eine geäußerte Emotion eines Verhandlungspartners die Wahrnehmung und das Verhalten des anderen Verhandlungspartners beeinflusst.

In der zwischenmenschlichen Beziehung vermitteln Emotionen Informationen an andere, z. B. darüber, wie wir uns fühlen (Ekman 1993). Sie verraten etwas über unsere sozialen Intentionen (Fridlund 2014) und geben Hinweise auf die Beziehung (Knutson 1996). Emotionaler Ausdruck (z. B. auf dem Gesicht) führt zu entgegengesetzten oder ähnlichen Emotionen bei anderen und hilft Menschen damit, sich an ihr soziales Umfeld anzupassen (Keltner und Haidt 1999). Eine entgegengesetzte Reaktion ist z. B. Angst, bei ausgedrückter Wut des anderen, eine gespiegelte Emotion hingegen ist Mitgefühl bei sichtbaren Leiden des Gegenübers.

Emotionen sind im Kontext von Verhandlungen wichtige Quellen der Informationen für den Verhandlungspartner über die Gewichtung der einzelnen Themen und über die Bereitschaft des anderen, sich zu einigen (Putnam 1994).

Es existieren zwei widersprüchliche Meinungsrichtungen darüber, was die Wahrnehmung von negativen Emotionen (vorrangig Ärger) oder positiven Emotionen (Freude und Zuversicht) bei Verhandlungspartnern auslöst. Verschiedene Studien und Beobachtungen belegen folgendes Verhalten: Der wahrgenommene Ärger eines Verhandlungspartners überträgt sich auf den anderen. Dieser reagiert ebenso mit Ärger und Feindseligkeit auf den Partner. Diese Dynamik macht eine Einigung weniger wahrscheinlich und provozierte kompetitives Verhalten in der Verhandlung (Allred et al. 1997; Friedman et al. 2004; Kopelman et al. 2006). Bei wahrgenommener Freude bzw. Zuversicht spiegelt sich das Verhalten. Freude überträgt sich auf den Verhandlungspartner, dieser erlebt positive Emotionen, eine Einigung wird wahrscheinlicher und das Verhalten kooperativer.

Andere Studien sehen diesen Effekt der „gespiegelten" Gefühle (Ärger erzeugt Ärger und Freude erzeugt Freude) von strategischen Überlegungen überlagert und dadurch aufgehoben. Emotionen enthalten Informationen über Absichten von Menschen und können somit als Anreize oder Abschreckung für das Verhalten des anderen fungieren. Vor allem dann, wenn dem Verhandler relevante Informationen über die Strategie des anderen fehlen, werden diese Quellen bewertet, um das Limit des anderen zu ergründen (Pruitt und Syna 1985; Liebert et al. 1968).

So kann ein Verhandlungspartner eine zuversichtliche Reaktion auf ein Angebot als ein Zeichen deuten, dass das Angebot innerhalb eines selbst gesteckten Limits des anderen liegt – während der Ausdruck von Ärger genau die gegenteilige Interpretation hervorruft und beim Verhandlungspartner die Hypothese auslöst, das eben unterbreitete Angebot sprenge den Verhandlungsrahmen des anderen.

Der Ausdruck von Ärger kann zudem signalisieren, dass die Grenzen des anderen überschritten sind. Das alarmiert den Verhandlungspartner, der nun eine Eskalation, einen Abbruch oder eine unangenehme weitere Spannung befürchtet. Eine beobachtete Reaktion ist in diesem Fall, dass der Verhandlungspartner bei einem ärgerlichen Gegenüber eher nachgibt als bei einem fröhlichen oder zuversichtlichen Partner (van Kleef et al. 2004).

In verschiedenen Studien wurde untersucht, ob die Ausrichtung der Emotionen eine entscheidende Rolle dabei spielt, welches dieser beiden Muster bei den Verhandlungspartnern abläuft. Sie unterscheiden zwischen geäußertem Ärger, der sich gegen die Person des anderen richtet, und Ärger, der gegen das (Verhandlungs-)Verhalten gerichtet ist.

Die Autoren fanden heraus, dass ein verhaltensorientierter Ausdruck des Ärgers strategischen Aufschluss für den Gegenüber gibt und deshalb eher zu Zugeständnissen führt. Ein Ärger, der sich gegen die Person des anderen richtet, taugt nicht als Information zur Beurteilung über die Verhandlungsstrategie des Partners und provoziert eher eine kompetitive Reaktion (Steinel et al. 2008, S. 367).

3.4 Emotionen Ärger und Zuversicht

Der Ausdruck von Emotionen kann auf zwei Wegen interpersonelle Wirkung entfalten: erstens eine gefühlsbetonte (affektive) Reaktionen oder zweitens, indem er strategische Überlegungen hervorruft. Trifft also die Emotion Ärger oder Zuversicht auf den gefühlsbetonten Part, dann scheinen sich die Emotionen eher zu spiegeln: Ärger wird zu Ärger und Zuversicht zu Zuversicht, und die Verhandlungspartner tendieren zu kompetitivem (bei Ärger) und kooperativem (bei Zuversicht) Verhalten. Wird die Emotion jedoch eher strategisch interpretiert, dann entsteht genau der gegenteilige Effekt.

Wir unterscheiden zwei Wege, wie Emotionen übertragen werden: 1) soziale Bewertung 2) umgekehrte Bewertung (Melo et al. 2014, S. 72–83).

1. Soziale Bewertung findet statt, weil Menschen sich dafür interessieren und es ihnen wichtig ist, wie andere in einer Situation reagieren und über die Situation denken. D. h., die Bewertung des anderen der Situation hat einen direkten Einfluss auf meine eigene Bewertung der Situation und löst Emotionen in mir selbst aus.
2. Bei der umgekehrten Bewertung – ist der Ablauf ein anderer. Personen schließen von den emotionalen Ausdrücken des anderen darauf, wie dieser die Situation bewertet, und das wiederum führt zu Schlussfolgerungen über die Absichten des anderen. Dieser Vorgang ist hypothetischer und auch strategischer motiviert als der der sozialen Bewertung, bei dem häufig eine klare Bewertung der anderen vorliegt.

In unterschiedlichen Tests fanden die Autoren ergänzend heraus, dass die Bewertung der emotionalen Ausdrücke des anderen über dessen Gesichtsausdruck oder aber über Textnachrichten mit kommunizierten Emotionen gleichermaßen funktioniert.

Emotionen im Kontext der Mediation

Die Palette der in der Mediation auftretenden Emotionen ist breit und deren Ursprung und Auswirkung unterschiedlich. Ich fokussiere mich hier auf die Untersuchung zweier Emotionen: Ärger und Zuversicht. Sie sind Gegenspieler und spielen bei vielen Konflikten und deren Klärung eine entscheidende Rolle.

Die Abwesenheit von Emotionen wäre am ehesten mit Gleichgültigkeit zu beschreiben: die Abwesenheit von Interessen, von Meinungen und Haltungen. Eine Klärung rein auf „rationaler" Ebene, „ganz unemotional", ist demnach nicht möglich, da die Emotionen untrennbar mit den Interessen, Wünschen und Bedürfnissen verbunden sind, die hinter einem Konfliktthema stehen.

In den frühen Theorien der Konfliktklärung fokussierten sich die Autoren meistens auf negative Emotionen und sahen diese als Hindernisse für eine sachliche Diskussion an. Auch die Autoren des Harvard-Konzepts raten, „Personen von den Problemen zu trennen" (Fisher et al. 2009). Von diesem Standpunkt aus gesehen ist es die Aufgabe des Mediators, negative Emotionen wie Ärger, Eifersucht, Neid, Feindseligkeit möglichst einzugrenzen und bedeckt zu halten, damit die Verhandlung vorangehen kann (Shapiro 2010; Schroth 2008; Potworowski und Kopelman 2008). Andere Autoren beschreibt diesen Prozess als „Neutralisation" von Emotionen (Moore 2014).

In einigen Verfahren zur Konfliktbearbeitung werden die Streitenden ermahnt, sachlich zu bleiben: Ärger, Kränkungen, Traurigkeit z. B. zu unterdrücken im Sinne eines „rationalen Verfahrens". Die (Lebens-)Wirklichkeit sieht jedoch anders aus. Oft sind die emotionalen Bewertungen der Streitenden nicht justiziabel und beruhen auf normativen Überzeugungen. Werden diese Emotionen jedoch ausgeblendet, verlieren Mediatoren eine wichtige Erkenntnisquelle: Emotionen sind sehr aufschlussreich und zeigen die Eskalation und Heftigkeit des Konfliktes und was den Parteien wichtig ist. Denn Gefühle sind Hinweise, die die Beziehungen der Menschen zueinander entschlüsseln.

Emotionen können wichtige Perspektiven zur Bewertung der Realität sein und *die* Motivationsquelle des Handelns (Redlich 2009; Widmer 2002). In der methodischen Konfliktbearbeitung „Klärungshilfe" (Thomann und Stegemann 2012)- einer Sonderform der Mediation- verweisen die Autoren auf das „Kern-Schalen-Modell" (Widmer 2002). Dort wird der Mensch als „Schichtenwesen" beschrieben, in dem die Emotionen wie in Baumstammkreisen, um den Kern angelagert seien. Ziel des Klärungsverfahrens ist es, möglichst nah an den Kern der Emotionen zu kommen, weil nur durch die eigene Erkenntnis und das Verständnis des anderen über die zugrunde liegende Emotion des Konflikts eine nachhaltige Lösung erreicht werden könne.

Die intrapersonelle Ebene der Emotionen in der Mediation berührt im Kern die Frage der Identität. Diese Frage ist häufig mit der Entstehung von Emotionen verbunden. Sie entstehen aus der subjektiven Wahrnehmung heraus, dass etwas persönlich Entscheidendes auf dem Spiel steht (Lazarus 1994, S. 102).

Emotionen repräsentieren Werte- diese sind verbunden mit der eigenen Identität. Diese Werte definieren das Selbst und die Beziehungen zu anderen. Jeder Beteiligte entwickelt in einer Mediation eine kontextspezifische Identität. Diese ist bedingt durch die spezielle Konstellation, die Interaktionsformen und das Thema der Auseinandersetzung. Im Laufe des Verfahrens wird die Identität fortlaufend durch die Anpassung an neue Situationen verändert, damit gehen Gefühle

3.4 Emotionen Ärger und Zuversicht

einher. Das Sichtbarwerden dieser Gefühle wiederum setzt eine Spirale der interpersonellen Konfliktwahrnehmung in Gang und wird vom Verhandlungspartner „automatisch" aufgegriffen und (meist unbewusst) bewertet. Es schlägt sich in dessen Verhalten nieder (s. umgekehrte Bewertung).

Wut wird auch als Schlüssel zum Verständnis von Konflikten angesehen. Er entsteht, wenn sich die Parteien beleidigt und ungerecht behandelt fühlen. Je beleidigter wir uns fühlen, desto wütender werden wir. Wut kann zum Beispiel entstehen, wenn wir glauben, dass unser Konfliktpartner die Kontrolle über eine bestimmte Situation hatte und es hätte vermeiden können, uns zu verletzen, und sie wird noch verschlimmert, wenn wir glauben, dass es mit Absicht geschehen ist.

Die Zuversicht des Verhandlungspartners hingegen bedingt das Gegenteil: Sie suggeriert in der Regel Kooperationsbereitschaft. Forscher haben auch einen Einfluss von Kooperation auf die Entstehung von Sympathie gefunden. Wenn ein Partner glaubhaft den Eindruck vermittelt, er wolle mit uns zusammenarbeiten, wir seien ein Team, er sei zuversichtlich, wir schaffen das, dann steige bei uns die Sympathie. Selbst wenn diese Kooperationsbereitschaft nur gespielt sei (z. B. bei Verkaufsstrategien), führe sie zu demselben Effekt (Cialdini 2017, S. 229).

Ein anderes „Verhaltensprogramm", das nicht von rationalen Überlegungen gesteuert ist, jedoch das Auftauchen störender Emotionen verhindert, ist das „Harmonieprinzip". Die Basis dieses Prinzips ist die allgemeine Erfahrung, dass das Funktionieren des Zusammenlebens davon abhängt, dass Konflikte so weit wie möglich vermieden oder schnellstmöglich beigelegt werden. Diese Interpretation lässt sich ausweiten auf das Erleben von störenden Emotionen im sozialen Kontext: Im Zuge von Konfliktklärungen z. B., in deren Verlauf mit Emotionen zu rechnen ist, gibt es häufig eine natürliche Ausweichbewegung der Medianten, diese zu umgehen, glattzubügeln oder nicht anzusprechen. Auch im Umgang mit fremden Menschen neigen wir dazu, ein harmonieförderndes Verhalten an den Tag zu legen, um den anderen nicht unnötig zu verärgern. Dieses Streben nach Harmonie kann bewusst ausgenutzt werden, um die Gegenseite zu manipulieren z. B. mit der sog. Tür-ins-Gesicht-Technik: Hier werden dem Verhandlungspartner hohe Zugeständnisse abverlangt und bereits mit dessen Ablehnung gerechnet, um dann im nächsten Schritt mit kleineren Forderungen einen Erfolg zu erzielen, weil der Gegenüber die getrübte Harmonie wiederherstellen möchte. Aufgrund dieses menschlichen Harmoniebedürfnisses ist es nach Ansicht einiger Autoren einfacher, in einer sympathisch-harmonischen Atmosphäre ein befriedigendes Ergebnis zu erzielen. Sympathie und Zuversicht sind in diesem Kontext als Gegensatz von Ärger und unproduktivem Misstrauen zu bezeichnen.

Ergebnisse meiner Forschung
Mich interessierte die Fragestellung, wie sich Ärger in der Mediation auf das Verhalten der Mediaten auswirkt, wenn der Mediator die Emotion das anderen erkennt und benennt, jedoch nicht weiter darauf eingeht. Eine Situation könnte z. B. folge sein: Einer der Medianten wird zunehmend wortkarg oder ungeduldig, sein Gesicht wirkt versteinert oder wird rot. Er spricht lauter oder ballt seine Faust. Der Mediator erkennt diese Anzeichen und fragt: Ärgern Sie sich? Der Mediant bejaht. Die Diskussion läuft ungeachtet dessen weiter. Eine andere Situation könnte sein, dass der Mediant selbst sagt, „ich ärgere mich, wir drehen uns im Kreis"- alle Beteiligten hören das- es wird weiter diskutiert. Oder aber der Konfliktpartner spürt oder sagt: „der andere ärgert sich". Es wird nicht weiter darauf eingegangen.

In allen diesen Situationen führte der gespürte oder verbalisierte Ärger zu einer unbewusst also ungewollten gesteigerten Kooperation. Es haben sich deutlich mehr Personen in dieser Versuchskonstellation geeinigt als in allen anderen.

In dem Versuch ging der Ärger von einer Person aus. Die Verhandlungspartner (hier die Versuchspersonen) hatten im Gegensatz zu den anderen Teilnehmern im Nachgang zur Verhandlung deutlich negative Gefühl und waren verunsichert. Die Probanden durften zur Kommunikation auch Symbole und Emoticon zum Ausdruck ihrer Emotionen nutzen- dies taten sie hier auffallend häufig. Anfangs reagierten die Medianten tendenziell beschwichtigend und positiv auf den Ärger. Je weiter die Verhandlung jedoch voranschritt und der Ärger des anderen ungebrochen empfangen wurde, desto ärgerlicher wurden auch das Verhalten der Versuchspersonen.

Diese emotionale „Angleichung" an die Gefühlswelt des Gegners war erwartbar, da im sozialen Austausch zwischen Menschen, Gruppen und sozialen Systemen auch zwischen Einzelnen und Gruppen Ausgewogenheit als gerecht gilt. Dazu zählt auch das Prinzip von Leistung und Gegenleistung. Vertrauen gegen Vertrauen. Schädigung gegen Schädigung. Kommt es also zu Ärger, wird häufig der Versuch gemacht, mit ebenfalls ärgerlichen Äußerungen diese Ausgewogenheit herzustellen. Diese verbale Ebene fällt hier jedoch im Vergleich zur verhandlungsstrategischen Ebene auseinander. Die Medianten werden zwar, je länger sie sich den Ärger der anderen Seite anhören müssen, immer wütender, trotzdem zeigen sie durch ihre Gebote größeres Entgegenkommen und Einigungsbereitschaft als die Probanden anderer Gruppen. Der Ärger des anderen scheint einen Druck in Richtung Ausgleich zu bewirken.

Neben der bereits diskutierten Variante, dass der Ärger dem Probanden eine Information über die Verhandlungsgrenzen gibt und das Entgegenkommen eine strategische Maßnahme ist, um eine Eskalation zu vermeiden, gäbe es auch hier eine andere Erklärung: ein unbewusstes Nachgeben der Versuchspersonen aufgrund des psychologischen Musters der Schuld: Wer einen ärgerlichen Vorwurf erhebt, behauptet moralische Überlegenheit. Gleichzeitig schreibt er der Gegenseite Schuld zu. Es kommt zu einem unausgesprochenen Anspruch auf Schuldausgleich.

Im Umkehrschluss hatte ich angenommen, dass für die Gruppe „Zuversicht" Gegenteiliges gelte: Die ausgedrückte Zuversicht, so die Annahme, führe bei den Probanden zu einem eher zurückhaltenden Entgegenkommen und weniger Einigungen als bei der Gruppe „Ärger". Die Gefühle der Versuchspersonen sind dabei jedoch positiv.

Dieser erste Teil der Annahme hat sich laut meinen Ergebnissen bestätigt: Die Probanden der Gruppe haben sich im Verhältnis zu der Gruppe „Ärger" und zu den Referenzgruppen eher zaghaft angenähert, es haben sich zudem weniger Probanden geeinigt. Die Stimmung der Probanden war der Annahme entsprechend sehr gut. Sie sendeten dem Gegenüber während der Verhandlung bereits ausschließlich freudige, zustimmende Emoticons und gaben auch danach an, fröhlich und zuversichtlich und nicht traurig gewesen zu sein. Dass die verbale Zuversicht nicht auch mit einer kooperativen Verhandlungsbewegung der anderen Partei einherging, schien die Probanden weder zu irritieren (es gab keine Hinweise in den Kommentaren dazu), noch zu stören.

In diesem Versuch scheint es so, als hätte die verbale Zuversicht eine Kooperation vorgetäuscht, die faktisch durch die starren Positionen so nicht gegeben war. Die Zuversicht des Verhandlungspartners führte jedoch auch zur eigenen faktischen Zurückhaltung in der Verhandlung. Die Probanden kamen deutlich langsamer auf den Verhandlungspartner zu als in den Referenzgruppen und der Gruppe „Ärger".

Die Zuversicht des Verhandlungspartners könnte auf die Probanden beruhigend gewirkt haben: Sie suggerierte, dass die Verhandlung harmonisch ist und kein Gesichtsverlust oder negative Gefühle drohen. Diese als harmonisch wahrgenommene Atmosphäre lässt anscheinend die bestehenden Differenzen leichter aushalten. Sie birgt jedoch auch Manipulationsgefahren: Insbesondere im Umgang mit einem Verhandlungspartner, der persönlich nett erscheint, in der Verhandlung jedoch hart und rücksichtslos agiert, sind viele Menschen ungeübt und hilflos.

Diese positive Dynamik der Verhandlungssituation lässt sich mit einem Prinzip aus der Psychologie beschreiben: der sozialen Bewährtheit. Das Prinzip besagt, dass wir uns bei unseren Entscheidungen in einer gegebenen Situation (z. B. ob etwas richtig ist) daran orientieren, was andere in dieser Situation glauben oder tun. In diesen Medianten wurde das Verhalten des Käufers

(Computer) am deutlichsten gespiegelt. Der Käufer (Computer) verhält sich hart im Entgegenkommen, jedoch verbal zuversichtlich – die Probanden verhalten sich ebenso weniger entgegenkommend und äußern dafür im verstärkten Maße Zuversicht und positive Emotionen.

Der Mediator jedoch scheint in der Versuchsbedingung keine Rolle zu spielen. Entgegen meiner Annahme wurde er in dieser Gruppe nicht auffällig positiv beurteilt. Eher nervig fanden die Probanden die Anwesenheit des Mediators. Die positive Stimmung hat sich demnach nicht automatisch auf alle Verfahrensbeteiligten übertragen. Die Probanden hatten in dieser Gruppe stärker das Gefühl als in der Gruppe „Ärger", sie hätten auch mit dem Verhandlungspartner allein eine Lösung hinbekommen. Möglicherweise liegt es daran, dass der Verhandlungspartner als wenig bedrohlich, umgänglich und sympathisch (höchste Sympathiewerte in dieser Gruppe) empfunden wurde, der Mediator hingegen stärker dann gebraucht wird, wenn er als neutraler Schutzschild gegen negative Emotionen betrachtet wird.

Handlungsempfehlungen für den Mediator
Die Meinungen über die Behandlung von Emotionen in der Mediation gehen auseinander. Die Verfechter des rationalen Verhandelns trennen die Emotionen von der Sache. Vor allem im Kontext der Wirtschaftsmediation wird es häufig als Schlüssel zum Erfolg angesehen, möglichst sachlich und nicht zu emotional zu verhandeln. Die andere Richtung der Mediationsphilosophie sieht gerade in der Bearbeitung der Emotionen den Mehrwert im Mediationsverfahren.

Die Rolle der Emotionen in einer Mediation zu verstehen und diese per se nicht zu ignorieren oder zu unterdrücken, ist eine erste, sehr allgemeine Handlungsempfehlung: Emotionen nicht zu beachten, könne problematisch werden, denn:

- Wenn die Konflikte nicht emotionsgeladen wären, bedürfte es keiner Mediation;
- Durch die Emotionen der Parteien wird offenbart, was ihnen wirklich wichtig ist, wovon sie betroffen sind;
- Die Benennung und Analyse der Emotionen verbessert gegenseitiges Verständnis (Empathie) und bietet Ansatzpunkte der Änderung;
- Unbearbeitete Emotionen bleiben virulent, finden ihren Ausdruck dennoch in anderer Form und stören eine konstruktive Mitarbeit Mediationsverfahren.

Ich habe in diesem Versuch lediglich zwei Emotionen untersucht: Ärger und Zuversicht. Überträgt man nun die Ergebnisse aus diesem Versuch auf eine

3.4 Emotionen Ärger und Zuversicht

Mediationssituation, in der sich die Probanden und der Mediator gegenübersitzen, um an der Klärung eines vorliegenden Konflikts zu arbeiten, dann sehe ich folgende Ansatzpunkte für die Praxis: Mediatoren sollten sich die Dynamik von Emotionen in der jeweiligen Situation bewusst machen.

Dies mag bei hoch emotionalen Konflikten in Teams oder in der Familie auf der Hand liegen. In diesen Konstellationen „entzünden" sich die Emotionen häufig und sind dann nicht mehr zu übersehen. Wenn wir jedoch an Mediationen zwischen Unternehmen oder Auseinandersetzungen zwischen Managern denken, dann kann eine vermeintlich emotionsleere Diskussion entstehen. In einem Raum, in dem Probanden die Emotionen nicht direkt benennen und der Mediator ein rationales Verhandeln vorzieht, könnten die hier beforschten Effekte auftreten und einen Verhandlungsverlauf deutlich beeinflussen.

Wir haben in diesem Versuch gesehen, dass nur vier „ärgerliche" Sätze in einer gesamten Verhandlung eine deutliche Wirkung nach sich ziehen. Mit diesem Wissen muss der Mediator gut abwägen, wie häufig er ärgerliche Kommentare (auch beiläufig oder am Rande formulierte) aufgreift, diese anspricht und die Quelle des Ärgers herausarbeitet oder darüber hinweggeht, sie im Raum stehen lässt und damit einen unbewussten Verhandlungseffekt provoziert.

Greift der Mediator die geäußerte Emotion auf z. B. durch Fragen: „Ich höre in Ihrer Stimme Ärger. Ist das so? Worüber ärgern Sie sich?", kann er dadurch erreichen, dass die Qualität der Emotion für alle Beteiligten transparent wird und dass auch die richtige Emotion benannt wird (Ärger und Wut können mit Traurigkeit und Angst z. B. verwechselt werden oder Freude mit Sarkasmus – hier sind viele Kombinationen denkbar). Durch die Benennung der Emotion auf der Metaebene bekommt das Verfahren eine andere Dynamik: Wie mit einer Bremse wird die Auseinandersetzung der Sachthemen gestoppt und Raum, Zeit und Transparenz gegeben, die Äußerungen des anderen zu verstehen und ggfs. selbst darauf zu reagieren. Das kann u. U. einen unbewussten Effekt auf das Verhalten des anderen (der Gegenüber des verärgerten Verhandlungspartners) in Form eines Entgegenkommens verhindern.

Und warum sollten Mediatoren ein Entgegenkommen verhindern? Wenn das Entgegenkommen keine bewusste Entscheidung ist und dazu von Emotionen wie Wut, Ärger, Schuld oder Unsicherheit begleitet wird, ist eine Lösung, die darauf basiert, weder stabil noch beständig noch für alle Parteien befriedigend.

In einer meiner Mediationen ist eine unbewusste Manipulation durch vermeintlichen Ärger passiert. Es handelt sich um einen Streit in einem Familienunternehmen. Wie häufig bei Konflikten in diesem Kontext besteht die Schwierigkeit in der Überlagerung der persönlichen familiären Beziehung und die damit verbundenen Interessen und Bedürfnisse und der geschäftlichen Ebene.

Hier waren zwei Generationen beteiligt. Eltern und zwei Geschwister. An einem Punkt ging es um die Übernahme von Renovierungskosten eines Teils des Unternehmens, das von einer der Schwestern als private Wohnung genutzt wurde. Ein Kabelbrand, der außerhalb der Wohnung entstanden war, beschädigte auch private Gegenstände der Schwester. Da die Versicherung diese Schäden nicht übernahm, ging es, darum, ob die Gemeinschaft sich beteiligt oder nicht. Die Schwester, die die Wohnung bewohnte, erwartete von der Familie eine finanzielle Beteiligung und formulierten dies auch deutlich. Die Eltern waren anderer Ansicht. Die andere Schwester wurde ärgerlich- mit Tränen in den Augen und sichtlich genervt schüttelte sie immer wieder den Kopf und sagte „ich sage dazu nichts..." Ich verpasste in der Hitze des Dialogs den Moment nachzufragen- was genau sie „nicht sagen" möchte. Meine Annahme war, offensichtlich genau wie die ihrer Schwester, dass sie sich über die Forderung ärgerte und nicht bezahlen wolle. Die geschädigte Schwester reagierte gekränkt, sprang auf, war drauf und dran den Raum zu verlassen und trat von ihrer Forderung zurück, in dem sie rief: „Ihr braucht euch nicht zu beteiligen, ich übernehme das selbst." Was war passiert? Hatte der Ärger der Schwester sie verärgert und gleichzeitig zu einem Nachgeben in der Position geführt? Was dann geschah war überraschend. Die Schwester brach in Tränen aus und konnte kaum sprechen. Als sie sich beruhigt hatte, brachte sie auf mein Nachfragen hervor- dass ihr Kommentar „ich sage dazu nichts", gar nicht darauf bezogen war, ihrer Schwester keine finanzielle Hilfe zu geben, ganz im Gegenteil. Die sture Haltung der Eltern hatte sie traurig gemacht. Sie konnte nicht verstehen, dass die Eltern diese Hilfe verwehren. Sie fand das ungerecht, es mache sie traurig zu sehen, wie wenig Zusammenhalt herrschte. Sie wollte sich selbstverständlich beteiligen.

Hier wurde Ärger interpretiert, wo eigentlich Trauer vorlag. Der vermeintliche Ärger löste eine Fehlinterpretation und ein Entgegenkommen aus.

Auch wenn es manchmal sinnvoll ist, ein Gespräch laufen zu lassen, lohnt es sich immer dann, wenn starke Emotionen zu Tage treten, zu unterbrechen und zu klären, wo diese herkommen.

Es gibt einen weit verbreiteten Mythos, dass das „Dampfablassen" generell von negativen Emotionen befreie oder die Probanden erleichtere. Das ist aber nicht in jeder Situation hilfreich. Denn wenn das ‚Alles mal loswerden und rauslassen' unreflektiert stattfindet, kann es auch einen gegenteiligen Effekt haben. Dann übertragen sich die negativen Emotionen auf die Gegenseite und führen dort zu negativen Emotionen wie Ärger, Angst, Einschüchterung, Unsicherheit, Gesichtsverlust oder Verweigerung.

Eine Empfehlung wäre daher, den Akteuren in bilateralen Vorgesprächen die Möglichkeit zu geben, Ärger abzuladen. Mediatoren bekommen dadurch auch ein

3.4 Emotionen Ärger und Zuversicht

Verständnis für hoch eskalierte oder besonders sensible Themen und damit verbundene Emotionen und können in der gemeinsamen Sitzung besser vorbereitet damit umgehen. Gerade in großen Gruppen mit verschiedenen Interessenvertretern eignet sich dieses Vorgehen. Im Verfahren können dann emotional sichere Themen an den Beginn des Prozesses gelegt werden und erst nach den ersten gemeinsamen Erfolgen und damit einhergehender Zuversicht die emotional explosiveren Themen besprochen werden.

Das gilt für die Emotion Ärger, jedoch auch für die Emotion Zuversicht. Zuversicht eines Verhandlungspartners ist auf den ersten Blick willkommen in einer Mediation: Sie suggeriert Kooperation, nimmt Spannung heraus und stellt Harmonie her. Es ist jedoch die Aufgabe des Mediators, sich genau an diesen Stellen nicht zufrieden zurückzulehnen, sondern kritisch zu überprüfen, ob die geäußerte Zuversicht sich auch in einem thematischen Aufeinanderzubewegen zeigt oder sogar eine Manipulationsmethode darstellt.

Dieser Versuch hat auch gezeigt, wie sehr sich Versuchspersonen wohlfühlen und zuversichtlich sind, wenn der andere dieses Gefühl verbalisiert. Eine angst- und druckfreie Umgebung zu schaffen, kann in vielen Situationen der Mediation eine Atmosphäre kreieren, in der eine Auseinandersetzung und Öffnung erst möglich wird. Insbesondere bei Mediationen mit Kindern und Jugendlichen oder mit sehr angespannten, sensiblen Personen. Wenn der Mediator folglich die Gelegenheit hat, positive Emotionen und Zuversicht bei den Parteien zu erkennen, empfiehlt es sich, diese aufzugreifen, aktiv nachzufragen und sie zu reformulieren, um einen positiven Boden für weitere Gespräche zu bereiten. In der Mediation geschieht das z. B., wenn bei der Themensammlung gemeinsame Themen sichtbar werden. Die Medianten sind dann häufig erleichtert darüber, dass der Konfliktpartner die zu bearbeitenden Themen ähnlich gelagert sieht. An diesem Punkt entsteht oft eine leichte Zuversicht, sich doch (noch) einigen zu können. Diese Stimmung könnte vom Mediator aufgegriffen und thematisiert werden.

Auch zu Beginn der Mediation könnte eine Frage nach den „kleinen" Wünschen für das Verfahren oder für die Sitzung Zuversicht verbreiten (z. B. „Was müsste passieren, dass Sie hier heute herausgehen und sich besser fühlen?"). Wenn nicht nach zu hochgesteckten Zielen gefragt wird (z. B. „Was müsste passieren, dass Sie sich einigen und glücklich sind?"), sondern in kleinen Schritten gearbeitet wird, sehen die Parteien höhere Chancen, dies auch zu erreichen. Das verbreitet Zuversicht, die aktiv vom Mediator aufgegriffen werden kann. Z. B.:

Mediator	„Was müsste z. B. passieren, dass Sie heute hier herausgehen und sich ein bisschen besser fühlen?"
Mediant 1	„Ich würde mich besser fühlen, wenn ich das Gefühl hätte, dass wir offen miteinander sprechen können."
Mediant 2	„Ich würde mich besser fühlen, wenn ich besser verstehen könnte, was eigentlich zu unserem Streit geführt hat."
Mediator zu Mediant 2	„Können Sie sich vorstellen, heute, hier in der Sitzung, offen mit Mediant 1 zu sprechen?"
Mediant 2	„Ja, das möchte ich versuchen."
Mediator zu Mediant 1	„Können Sie sich vorstellen, mit Mediant 2 gemeinsam zu erarbeiten, was zu der Situation geführt hat, in der Sie sich gerade befinden?"
Mediant 1	„Ja, das möchte ich auch gerne besser verstehen."
Mediator	„Nachdem, was ich gerade von Ihnen gehört habe, sind Sie beide zuversichtlich, dass wir in der heutigen Sitzung diese ersten Schritte gemeinsam gehen können? Stimmt das so?"[1]

Eine andere Technik ist, die Probanden nach kleinen Schritten, die sie aufeinander zu gemacht haben, nach ihrer aktuellen Zuversicht zu fragen. Dies kann eine Skalenabfrage sein (auf einer Skala von 1–10: „Wie zuversichtlich sind Sie, dass Sie in diesem Punkt eine gemeinsame Lösung finden?"). Es biete sich an, diese Frage im Prozess und nach erfolgter Lösungsfindung zu wiederholen. Erhöht sich die Zuversicht im Laufe des Prozesses, ist das a) ein positives Zeichen für das Vorankommen und b) zieht nach unseren Ergebnissen die Äußerung von Zuversicht eine positive Stimmung nach sich, die den Weg vielleicht nicht für ein schnelleres, aber vermutlich nachhaltigeres Aufeinanderzubewegen ebnet.

Ein letzter Punkt wurde in dem Versuch deutlich, den ich bedenkenswert für die Mediationspraxis halte. Die Probanden haben in dieser Gruppe deutlich mehr Emoticons verwendet als in allen anderen Gruppen – auch als in jener anderen Gruppe, in der es ähnlich emotional zugeht. Ich führe den Impuls der Verwendung der Emoticons deshalb vorwiegend auf die Verwendung eines Emoticons durch den Mediator zurück. D. h., die Form der Kommunikation

---

[1]Gesprächsprotokoll aus einer Mediation am Arbeitsplatz.

der Probanden wird mit der des Mediators synchronisiert. Übertragen auf den Mediationskontext bedeutet dies, dass die Art und Weise, wie der Mediator Emotionen benennt oder beschreibt, von den Medianten unbewusst übernommen wird. Der Mediator gibt damit die Form des Ausdrucks und die Genauigkeit der Beschreibung vor. Schafft es der Mediator, Gefühle gut (vielleicht sogar bildlich) zu beschreiben bzw. dieses Bild der Emotionen durch Nachfragen und Interventionen zu erzeugen, dann hilft das den Probanden ebenfalls, ihre Emotionen auszudrücken.

Da es Menschen in der Regel schwerfällt, Emotionen zu verbalisieren, könnten dafür Emotionskarten verwendet werden. Auf diesen Karten sind analog zu den bekannten Emoticons Gesichter unterschiedlicher Emotion zu sehen: Die Probanden werden in passenden Situationen gebeten, die ihren Gefühlen entsprechende Karte zu zeigen. Ist erst einmal das Grundgefühl gezeigt, lässt es sich darüber leichter vertieft sprechen.

3.5 Kritik und eigene Emotion des Mediators

Anders als in den vorigen Kapiteln basiert diese Frage die ich kurz „Kritik/eigene Emotionen" nenne, auf keinen mir bekannten Vorgängerversuchen oder wissenschaftlichen Theorien. Nur einzelne Anmerkungen und Gedanken verschiedener Autoren habe ich gefunden, die ich hier vorstellen möchte.

Formuliert der Mediator eigene Standpunkte und legt eigene Emotionen offen, dann stellt sich sofort die Frage der Neutralität. Weiter oben bin ich bereits aus unterschiedlichen Blickwinkeln auf das Thema Neutralität und Allparteilichkeit eingegangen.

Eng verbunden mit dem Thema Gleichbehandlung der Medianten wird die Unterscheidung des aktiven oder passiven Mediators diskutiert: Der passive Mediator, der sich in völliger Zurückhaltung auf die Leitung des Verfahrens konzentriert, und der aktive Mediator, der sogar eigene Lösungsvorschläge einbringt, sind dabei die beiden Pole der Betrachtung. Einig sind sich die Autoren darüber, dass die Neutralität oder Allparteilichkeit dort aufhört, wo ein Verhandlungspartner besondere Zuwendung des Mediators erhält, die diesem einen Vorteil verschafft. Dies ist zu dem sog. „Machtausgleich" zu differenzieren. Hier unterstützt der Mediator eine Partei, die dem Verhandlungspartner unterlegen ist, ohne jedoch dieser einen Vorteil über den anderen zu verschaffen.

Wie aber verhält es sich mit der Neutralität, wenn der Mediator nicht eine Partei besonders bevorzugt oder benachteiligt, sondern eigene negative Emotionen oder Kritik über den Verlauf des Verfahrens allen Beteiligten mitteilt?

Dass eine solche Art der Moderation nicht als passiv zu bewerten ist, steht außer Frage. Liegt diese Aktivität des Mediators jedoch noch im Rahmen eines „Mediationsstils"? Oder wird damit eine Wirkung erzielt, die dem Verfahren nicht zuträglich ist und den Beteiligten sogar schadet?

Ist das Ziel einer Mediation tatsächlich, den Mediator zu akzeptieren? Und ist nicht der Mediator als Verfahrensbeteiligter selbst in der Rolle, Medianten zu beeinflussen oder gar zu manipulieren (bewusst oder unbewusst)? Außerdem könnte man meinen, dass es für Medianten durchaus sinnvoll sein könnte, eine gesunde Distanz zum Mediator zu behalten, um nicht blind jede Intervention des Mediators zu akzeptieren.

Mediatoren sollten achtsam mit ihren eigenen Emotionen umgehen, schlagen einige Autoren (Schreier 2002; Jones und Bodtker 2001) vor und mit Herz und Verstand „heart in mind" zu agieren. Mit anderen Worten, Mediatoren sollten sich mit ihren Klienten auf der Ebene des herzlichen Gefühls und des rationalen Verstehens verbinden (Zariski 2010, S. 212). Diese Handlungsanweisung bezieht sich eher darauf, die Emotionen der Medianten zu spiegeln.

In der soziologischen Emotionstheorie ist die soziale Beziehung der Akteure ausschlaggebend für die Entstehung von Emotionen. Emotionen werden als bewertende Reaktionen auf Ereignisse gesehen, die eine deutliche positive oder negative Konnotation tragen und sowohl körperliche wie auch kognitive Komponenten aufweisen (Scheve 2013, S. 2).

Die zentralen Komponenten, die in der Entstehung der Emotionen in sozialen Beziehungen eine Rolle spielen, sind dabei „Status und Macht". Dieser Theorie zufolge existieren drei Klassen von Emotionen, die auf Status- und Machtdimensionen beruhen: strukturelle, antizipatorische und folgernde Emotionen. Während die strukturellen Emotionen vergleichsweise stabil sind und aus gefestigten Macht- und Statusstrukturen resultieren, tauchen die antizipatorischen Emotionen bei akuten Macht- und Beziehungsveränderungen (Kemper 1978, S. 72). Folgernde Emotionen entstehen in der Folge von Veränderungen und haben eher Prozesscharakter.

Wird beispielsweise der Status des anderen exzessiv betont, entstehen die Emotionen Ärger, Verachtung, Scham. In ein Mediationsgeschehen übersetzt, könnte eine Statusbedrohung stattfinden, wenn der Mediator offen die Position eines Medianten anzweifelt, etwas Gesagtes ins Lächerliche zieht oder durch einen abschätzigen Kommentar zum Verhandlungsverlauf den Akteuren ihre Handlungskompetenz abspricht.

Was ist mit einem Mediator, der seine Emotionen gegenüber dem Verhandlungsverlauf formuliert, ohne dabei parteiisch zu werden? Da ich dazu keine

3.5 Kritik und eigene Emotion des Mediators

weiteren Belege in der Literatur ausfindig machen konnte, beobachte und analysiere ich diese Konstellation in meinem Versuchsdesign.

Der Mediator löst mit seinen kritischen Äußerungen zum Verhandlungsverlauf bei den Probanden negative Emotionen aus. Unsicherheit ist dabei allerdings nicht die auffälligste Nennung: Ärger, Angst und wenig Zuversicht ist die Gemütslage der Probanden dieser Gruppen.

Führen wir uns nochmals vor Augen, was passiert ist: Der Mediator hat sich in insgesamt vier kritischen Sätzen über den Verhandlungsverlauf geäußert und dabei auf keine der beiden Verhandlungspartner explizit Bezug genommen. Er hat nichts über die Gefühlslage des Partners kommuniziert. Diese Veränderung in der Bedingung führt dazu, dass die Versuchspersonen weniger hart verhandeln und sich somit häufiger einigen, dabei jedoch sehr wortkarg sind, sich eher negativ äußern und negative Gefühle erleben. In ihren Augen ist auch der Verhandlungspartner ärgerlich, verunsichert und ängstlich. Obwohl er demnach vermeintlich in einer ähnlichen emotionalen Lage steckt, erleben sie ihn dennoch nicht etwa als Verbündeten gegen die Kritik des Mediators, sondern finden ihn unsympathisch und wollen nichts mehr mit ihm in Zukunft zu tun haben. Die Probanden geben dazu an, dass ihnen eine Einigung sowieso eher egal war und sie auch nicht besonders enttäuscht sind, wenn sie sich nicht geeinigt haben. Sie scheinen die Motivation verloren zu haben und oder beleidigt oder gar verletzt zu sein. Ganz deutlich liegt die Quelle ihres Ärgers im Stil des Mediators. Dieser wird insgesamt negativ bewertet. Sie halten ihn für weniger kompetent, dessen Moderationsstil war nervig und eher nicht hilfreich dabei, sich zu einigen.

Die Probanden haben sich in dieser Gruppe besonders häufig geeinigt, auf den ersten Blick gibt es hier eine Parallele zur Gruppe „Ärger". Auch hier haben sich die Probanden überdurchschnittlich schnell geeinigt. Die Motivation jedoch war offensichtlich eine andere. Nach den Ergebnissen müssen wir davon ausgehen, dass in der Gruppe „Ärger" eine strategische Kooperation erfolgte. Die Probanden interpretierten den geäußerten Ärger des Partners als Hinweis seiner Verhandlungsziele und kommen ihm entgegen, um eine Eskalation oder einen Abbruch zu verhindern. Sie tun das in dieser Gruppe in Worten und Taten. Das ist hier anders: Es einigen sich zwar im Vergleich viele Probanden, sie scheinen das jedoch ohne strategische Absicht getan zu haben. In den begleitenden Kommentaren existiert im Gegensatz zu allen anderen Gruppen keine einzige entgegenkommende Botschaft.

Wie kann dieser starke emotionale Effekt, den die Kritik des Mediators verursacht, erklärt werden? Ich sehe eine Erklärung in der *Rolle* des Mediators. Mediatoren werden in der Regel als Experten wahrgenommen (Experten für Konfliktlösung, Experte für Mediation). In unserem Experiment ist der Mediator nicht nur Experte und leitet das Verfahren (Verfahrensautorität), er besitzt dazu „geheimes" Wissen (aus der Konversation mit dem anderen). Darin liegen seine exponierte Stellung und seine mächtige Position begründet. Er hat das Verfahren in der Hand und verfügt als Einziger über ein Kommunikationsrecht mit allen Beteiligten. Durch seine kritischen Kommentare unterstreicht er diese Position. Es ist somit wahrscheinlich, dass hier der Mediator nicht als neutraler Experte, der ein Verfahren leitet, gesehen wird, sondern als Autorität.

Es wirkt ein in der Psychologie beschriebenes Prinzip: das „Autoritätsprinzip". Das Autoritätsprinzip hat mit einem Grundmotiv des menschlichen Handelns zu tun, der Organisation menschlicher Gesellschaft. Ohne Gehorsam und Akzeptanz gegenüber Autoritäten bräche, vereinfacht betrachtet, Anarchismus aus. Gehorsam sein und das zu befolgen, was die Autoritäten sagen, lernen wir bereits als Kinder und ist Teil der Adam-und-Eva-Metapher aus der Bibel. Dieses erlernte Verhalten jedoch kann auch dazu führen, dass wir ein blindes Vertrauen in Autoritäten entwickeln. Ein bekanntes Beispiel aus der sozialpsychologischen Forschung ist das Milgram-Experiment (Frindte und Geschke 2016), indem VP auf Anweisung eines autoritären Versuchsleiters Elektroschocks an ihnen unbekannte Personen verteilt haben.

Autorität wird im Wirtschaftslexikon wie folgt definiert: „Bezeichnung für die Möglichkeiten einer Person, Gruppe oder Institution, Einfluss auf andere Personen auszuüben und ggf. den eigenen Willen gegenüber diesen durchzusetzen, wodurch sich ein Verhältnis der Über- und Unterordnung konstituiert. Mit Autorität verbinden sich Herrschaftsansprüche, die unterschiedlich begründet sind" (Gabler 2019, Internetdokument). Wichtig erscheint mir hier der Aspekt der Über- und Unterordnung. Erlebtes Ungleichgewicht und damit verbundene Ungerechtigkeit sind Auslöser von eigenen negativen Emotionen, wie in dieser Gruppe geschehen.

Eine Theorie, die sich mit erlebten Unterschieden in der Kommunikation und Beziehung beschäftigt, ist die „Transaktionsanalyse":

Begründet wurde die Theorie von Berne (2006). Er bezeichnet verschiedene „Ich-Zustände" als Kind-Ich, Erwachsenen-Ich und Eltern-Ich und sieht diese Zustände nicht nur als Teilpersönlichkeiten an, sondern als „Personen" in einem Menschen (Berne 2005, S. 70).

Übertragen auf diesen Versuch könnte das bedeuten, dass der Empfänger der Botschaft (die Versuchsperson) auf die kritische Kommunikation des Mediators ängstlich, verunsichert oder ärgerlich reagiert. Nach Berner wäre er damit in einem Ich-Zustand des Kindes, das sich einer anderen Person im Ich-Zustand des Eltern-Ichs gegenübersieht. Dem Eltern-Ich, in dem Fall dem Mediator, wird aufgrund seiner Rolle Autorität zugeschrieben. Diese Autorität des Eltern-Ichs

3.5 Kritik und eigene Emotion des Mediators

jedoch bewirkt beim Kommunikationspartner die Aktivierung der Rolle eines rebellischen oder verunsicherten Kindes (Kind-Ich) – analog zu einer Situation, in der ein Elternteil mit einem Kind schimpft oder ungehalten und ungeduldig reagiert und sich das Kind daraufhin zurückzieht, traurig wird oder zur Gegenreaktion antritt und rebelliert. In diesem Zustand des Kind-Ichs spielt auch Trotz eine Rolle.

Diese Dynamik könnte eine Erklärung liefern für die geringe Motivation an der Verhandlung: „Das Kind" fühlt sich ungerecht behandelt, von einem kritischen Eltern-Ich des Mediators, und zieht sich trotzig zurück: „Dann mache Deine Verhandlung das nächste Mal eben selbst ... ohne mich!" Eine solche kommunikative Transaktion zwischen zwei unterschiedlichen „Ich-Zuständen" nennt Berner eine nichtkomplementäre (überkreuzte) Transaktion. Die Kommunikationspartner befinden sich nicht auf einer „Ebene", nicht auf Augenhöhe. Dies löst Störgefühle und negative Emotionen aus. Ein angemessener und produktiver Austausch wäre nach dem Modell von Berne nur auf der Erwachsenen-Ich- Ebene möglich.

Als problematisch bezeichnen auch anderer Autoren jede Form direktiver, autoritativer, suggestiver oder drängender Einflussnahme durch den Mediator. Das Prinzip der Eigenverantwortlichkeit und der Neutralität ist damit bedroht.

Noch eine Überlegung zum Verhältnis des Verhandlungspartners möchte ich anstellen: Auch wenn die Übertragung der eigenen Emotionen auf den anderen (s. Harmonieprinzip) eine plausible Erklärung ist, warum die Probanden den Verhandlungspartner auf ganzer Ebene negativ beurteilen, stellt sich trotzdem die Frage, ob nicht auch eine entgegengesetzte Reaktion denkbare wäre: Wenn der Mediator uns beide kritisiert und sich dadurch über uns stellt, da er unser Verhalten bewertet, könnten wir (die Verhandlungspartner) doch auch zusammenrücken und uns verbinden. Immerhin sind die beiden Verhandlungspartner zwar Opponenten in der Sache, aber in dem sich auftuenden Hierarchieverhältnis auf gleicher Stufe. Warum dies nicht passiert ist und welche Bedingungen nötig wären, damit sich eine solche Dynamik ergibt, wäre eine weitergehende Forschungsfrage für nachfolgende Studien.

Handlungsempfehlungen für Mediatoren

Die Handlungsempfehlung liegt auf der Hand: Agiere nicht so wie der Mediator in unserem Versuch! Das heißt nicht, dass der Mediator keine ernst gemeinte Kritik äußern darf. Die Aufgabe des Mediators ist es, das Verfahren zu moderieren und den Austausch zwischen den Medianten konstruktiv zu gestalten. Wenn das Verfahren ins Stocken gerät oder der Mediator eine eingefahrene Gesprächsdynamik zwischen den Parteien beobachtet, darf und sollte er dies auch kritisch thematisieren. Die Frage ist nur „wie" und „zu welchem Zweck". Ich möchte an dieser Stelle nicht auf bekannte Techniken wie Ich-Botschaften und Regeln aus der Feedback-Theorie eingehen. Diese gehören zu den Basistechniken eines Mediators. Viel wichtiger erscheint mir die Frage nach dem Zweck der Kritik.

Ist eine kritische Bemerkung in einem aktiven Mediationsstil als bewusste Zäsur, als moderative Technik (z. B. paradoxe Intervention) bewusst platziert, um eine ungute Dynamik zu durchbrechen, dann ist es entscheidend, dass dieser Einwurf auch seinen Zweck erfüllt und als Intervention von den Medianten „erkannt" wird. Ist dies nämlich nicht der Fall, dann könnte etwas Ähnliches wie in unserem Versuch passieren. Die Kritik des Mediators wird gehört, es wird aber nicht darauf eingegangen. Dann bleibt sie am Raum stehen als ein Urteil ohne Konsequenzen. Dies könnte zu einer Machtverschiebung führen und eine Unsicherheit der Beteiligten auslösen.

Deshalb ist meine Empfehlung, nicht prinzipiell auf Kritik als strategische Moderationstechnik z. B. in festgefahrenen Dynamiken zu verzichten. Diese ist jedoch platziert, deutlich und zielgerichtet anzubringen und keinesfalls im Eifer des Gefechts oder durch eine dadurch provozierte „Verteidigungsrede" eines Teilnehmers, das Verfahren über die Kritik hinweggehen zu lassen, ohne dass den Beteiligten klar geworden ist, warum der Mediator sie geäußert hat.

Der Mediator sollte sich im Klaren über seine Expertenstellung und die damit verbundenen Zuschreibungen und Heuristiken sein. Eine Kritik, die dazu führt, dass die Medianten unsicher werden, ängstlich, ärgerlich oder rebellisch reagieren und im Sinne der Transaktionsanalyse in einen Zustand des Kind-Ichs fallen, ist nicht zielführend. Das Neutralitätsprinzip des Mediators interpretiere ich nicht als Passivität, aber durchaus als das Bestreben nach einem reibungsarmen Verhältnis zwischen Mediator und Mediant. Denn je mehr Reibung an dieser Stelle entsteht, desto weniger Fokussierung, Energie, Ressource und Motivation bleibt für die Bearbeitung des eigentlichen Konflikts.

Noch gravierender wäre eine Dynamik wie in diesem Versuch, in dem eine angespannte Beziehung zwischen Mediator und Medianten sich negativ auf die eigenen Emotionen, die Bewertung des Konfliktpartners und die Motivation, den Konflikt zu lösen, auswirkt. Der Sinn der Mediation und die Rolle des Mediators als Klärungshelfer wären dann nicht mehr erfüllt.

Kritik in Form einer strategischen, bewussten Intervention kann dann sinnvoll sein, wenn

- sie direkt, verständlich und deutlich formuliert ist
- die Medianten in der (emotionalen und kognitiven) Lage sind, sie zu verstehen und damit umzugehen
- sie nicht dazu dient, die Position des Mediators zu „erhöhen".

Kritik, die ungenau, willkürlich formuliert ist oder von den Medianten unverstanden bleibt, kann gravierende Folgen für das Verfahren haben:

- Auslöser von negativen Emotionen der Probanden
- Schwindende Motivation für das Verfahren und die Konfliktlösung
- Verstärkung der negativen Emotionen zwischen den Probanden
- Vertrauensverlust gegenüber dem Mediator.

Literatur

Allen, N. J., & Meyer, J. P. (1990). The measurement and antecedents of affective, continuance and normative commitment to the organization. *Journal of Occupational Psychology, 63*(1), 1–18. https://doi.org/10.1111/j.2044-8325.1990.tb00506.x.

Allison, S. T., & Messick, D. M. (1988). The feature-positive effect, attitude strength, and degree of perceived consensus. *Personality and Social Psychology Bulletin, 14*(2), 231–241. https://doi.org/10.1177/0146167288142002.

Allred, K. G., Mallozzi, J. S., Matsui, F., & Raia, C. P. (1997). The influence of anger and compassion on negotiation performance. *Organizational Behavior and Human Decision Processes, 70*(3), 175–187. https://doi.org/10.1006/obhd.1997.2705.

Bandura, A. (1985). *Social foundations of thought and action: A social cognitive theory* (1. Aufl.). Englewood Cliffs: Prentice Hall.

Baron, R. A. (1990). Environmentally induced positive affect: Its impact on self-efficacy, task performance, negotiation, and conflict1. *Journal of Applied Social Psychology, 20*(5), 368–384. https://doi.org/10.1111/j.1559-1816.1990.tb00417.x.

Berger, P. L., Neuhaus, R. J., & Novak, M. (1996). *To empower people. From state to civil society* (2. Aufl.). Washington, D.C.: American Enterprise Institute.

Berne, E. (2005). *Spielarten und Spielregeln der Liebe. Psychologische Analyse der Partnerbeziehung* (22. Aufl.). Reinbek bei Hamburg: Rowohlt-Taschenbuch-Verl. (rororo rororo-Sachbuch, 16848).

Berne, E. (2006). *Die Transaktionsanalyse in der Psychotherapie. Eine systematische Individual- und Sozial-Psychiatrie* (2. Aufl.). Paderborn: Junfermann.

Besemer, C. (1998). *Mediation. Vermittlung in Konflikten* (5. Aufl.). Königsfeld: Stiftung Gewaltfreies Leben.

Brown, S. L., Asher, T., & Cialdini, R. B. (2005). Evidence of a positive relationship between age and preference for consistency. *Journal of Research in Personality, 39*(5), 517–533. https://doi.org/10.1016/j.jrp.2004.07.001.

Cialdini, R. B. (2017). *Die Psychologie des Überzeugens. Wie Sie sich selbst und Ihren Mitmenschen auf die Schliche kommen* (8. unveränderte Aufl.). Bern: Hogrefe.

Cohen, R. T., Windschut, T., & Insko, A. C. (2010). How communication increase interpersonal cooperation in mixed-motive situations. *Journal of Experimental Social Psychology, 46,* 39–50.

Conger, J. (1989). Leadership: The art of empowering others. *Academy of Management Journal, 3,* 17–24.

Conger, J., & Kanungo, R. (1989). The empowerment process: Integrating theory and practice. *Academy of Managemnet Review, 13*(3), 471–482.

Deci, E. L. (1975). *Intrinsic motivation.* Boston: Springer US. (Perspectives in Social Psychology).

Ekman, P. (1993). Facial expression and emotion. *American Psychologist, 48*(4), 384–392. https://doi.org/10.1037/0003-066X.48.4.384.

EU- Europäischer Verhaltenskodex für Mediatoren. (2013). Europäischer Verhaltenskodex für Mediatoren. https://www.swissarbitration.org/files/50/Mediation%20Rules/verhaltenskodex_deutsch.pdf.

Festinger, L. (2001). *A theory of cognitive dissonance.* Reissued by Stanford Univ. Press in 1962, renewed 1985 by author, [Nachdr.]. Stanford: Stanford Univ. Press.

Fisher, R., Ury, W., Patton, B. M. (2009). *Das Harvard-Konzept. Der Klassiker der Verhandlungstechnik* (23. Aufl.). Frankfurt a. M.: Campus. http://www.campus.de/leseproben/9783593389820.pdf.

Forgas, J. P. (1998). On feeling good and getting your way: Mood effects on negotiator cognition and bargaining strategies. *Journal of Personality and Social Psychology, 74*(3), 565–577. https://doi.org/10.1037//0022-3514.74.3.565.

Fridlund, A. J. (2014). *Human facial expression.* Burlington: Elsevier Science.

Friedman, R., Anderson, C., Brett, J., Olekalns, M., Goates, N., & Lisco, C. C. (2004). The positive and negative effects of anger on dispute resolution: Evidence from electronically mediated disputes. *The Journal of applied psychology, 89*(2), 369–376. https://doi.org/10.1037/0021-9010.89.2.369.

Frijda, N. H. (2018). Moods, emotion episodes and emotions. In L. F. Barrett, M. Lewis, & J. M. Haviland-Jones (Hrsg.), *Handbook of emotions* (Fourth, Paperback Aufl., S. 381–403). New York: The Guilford Press.

Frindte, W., Geschke, D. (2016). Stanley milgram: Obedience to authority. An experiment view (S. 224). Harper & Row: New York 1974. (dt. Das Milgram-Experiment. Zur Gehorsamsbereitschaft gegenüber Autoritäten. Rowohlt Verlag: Reinbek bei Hamburg 1974, S. 256). In: Samuel, S. (Hrsg.), *Klassiker der Sozialwissenschaften. 100 Schlüsselwerke im Portrait* (2. Aufl., S. 296–301). Wiesbaden: Springer VS.

Gabler, Springer. (2019). Gabler Wirtschaftslexikon. SpringerGabler. https://wirtschaftslexikon.gabler.de/definition/autoritaet-31414. Zugegriffen: 9. Jan. 2019.

Gardner, N. T., Folberg, J., & Taylor, A. (1986). Mediation: A comprehensive guide to resolving conflicts without litigation. *Michigan Law Review, 84*(4/5), 1036. https://doi.org/10.2307/1288874.

Goedings, F. (2014). Phasen der Mediation. http://www.promediation.berlin/florestangoedings/phasen-der-mediation.html. Zugegriffen: 13. Juni 2020.
Greenhalg, L., & Davidson, M. N. (1999). The role of emotion in negotiation: The impact of anger and race. In R. Bies, R. J. Lewicki, & B. H. Sheppard (Hrsg.), *Research on negotiation in organizations* (Bd. 7, S. 3–26). Stamford: JAI Press.
Haynes, J. M., & Haynes, G. L. (1989). *Mediating divorce. Casebook of strategies for successful family negotiations* (1. Aufl.). San Francisco: Jossey-Bass. (The Jossey-Bass social and behavioral science series).
Heider, F. (1946). Attitudes and cognitive organization. *The Journal of Psychology, 21,* 107–112. https://doi.org/10.1080/00223980.1946.9917275.
Herriger, N. (2002). *Empowerment in der sozialen Arbeit Eine Einführung* (2., überarb Aufl.). Stuttgart: Kohlhammer.
Isen, A. M., Daubman, K. A., & Nowicki, G. P. (1987). Positive affect facilitates creative problem solving. *Journal of Personality and Social Psychology, 52*(6), 1122–1131. https://doi.org/10.1037/0022-3514.52.6.1122.
Izard, C. E. (1992). Basic emotions, relations among emotions, and emotion cognition relations. *Psychological Review, 99*(3), 561–565. https://doi.org/10.1037//0033-295X.99.3.561.
Jones, E., Harris, V. (1967). The attribution of attitudes. *Journal of Experimental Social Psychology* 3: 1–24. https://pdfs.semanticscholar.org/ceed/c1dfbc199d32 45a7f3a937cd323ac1215af6.pdf?_ga=2.251759945.1525337889.1543232115-249274217.1543232115. Zugegriffen: 26. Nov. 2018.
Jones, T. S., & Bodtker, A. (2001). Mediating with heart in mind: Addressing emotion in mediation practice. *Negotiation Journal, 17*(3), 207–244. https://doi.org/10.1111/j.1571-9979.2001.tb00238.x.
Kanter, R. M. (1968). Commitment and social organization: A study of commitment mechanisms in Utopian communities. *American Sociological Review, 33*(4), 499. https://doi.org/10.2307/2092438.
Keltner, D., & Haidt, J. (1999). Social functions of emotions at four levels of analysis. *Cognition and Emotion, 13*(5), 505–521. https://doi.org/10.1080/026999399379168.
Kemper, T. D. (1978). *A social interactional theory of emotions.* New York: Wiley. (A Wiley-Interscience publication).
Knutson, B. (1996). Facial expressions of emotion influence interpersonal trait inferences. *Journal of Nonverbal Behavior, 20*(3), 165–182. https://doi.org/10.1007/BF02281954.
Kopelman, S., Rosette, A. S., & Thompson, L. (2006). The three faces of Eve: Strategic displays of positive, negative, and neutral emotions in negotiations. *Organizational Behavior and Human Decision Processes, 99*(1), 81–101. https://doi.org/10.1016/j.obhdp.2005.08.003.
Korten, D. C. (Hrsg.). (1987). *Community management. Asian experience and perspectives* (1. Aufl.). Kumarian Pr: West Hartford. (Library of management for development).
Kreisberg, S. (1992). *Transforming power. Domination, empowerment, and education.* Albany: State Univ. of New York Press. (SUNY series, teacher empowerment and school reform).
Lappé, F. M., Du, B., & Paul, M. (1994). *The quickening of America Rebuilding our nation, remaking our lives.* San Francisco: Jossey-Bass Publ.
Lazarus, R. S. (1994). *Emotion and adaptation.* New York: Oxford University Press.

Levenson, R. W. (1994). Human emotion. A functional view. In P. Ekman (Hrsg.), *The nature of emotion. Fundamental questions* (S. 123–126). New York: Oxford Univ. Press. (Series in affective science).
Liebert, R. M., Smith, W. P., Hill, J. H., & Keiffer, M. (1968). The effects of information and magnitude of initial offer on interpersonal negotiation. *Journal of Experimental Social Psychology, 4*(4), 431–441. https://doi.org/10.1016/0022-1031(68)90068-1.
Loss, J., & Wise, M. (2008). Evaluation von Empowerment – Perspektiven und Konzepte von Gesundheitsförderern. Ergebnisse einer qualitativen Studie in Australien. *Gesundheitswesen (Bundesverband der Ärzte des Öffentlichen Gesundheitsdienstes (Germany), 70*(12), 755–763. https://doi.org/10.1055/s-0028-1103260.
Marlow, L., & Sauber, S. R. (1990). *The handbook of divorce mediation.* New York: Plenum Pr.
McGuigan, R., & Popp, N. (2007). The self in conflict: The evolution of mediation. *Conflict Resolution Quarterly, 25*(2), 221–238. https://doi.org/10.1002/crq.205.
de Melo, C. M., Carnevale, P. J., Read, S. J., & Gratch, J. (2014). Reading people's minds from emotion expressions in interdependent decision making. *Journal of Personality and Social Psychology, 106*(1), 73–88. https://doi.org/10.1037/a0034251.
Meyer, J. P., Stanley, D. J., Herscovitch, L., & Topolnytsky, L. (2002). Affective, continuance, and normative commitment to the organization: A meta-analysis of antecedents, correlates, and consequences. *Journal of Vocational Behavior, 61*(1), 20–52. https://doi.org/10.1006/jvbe.2001.1842.
Michaelis, L. O., Auferkorte-Michaelis, N., & FernUniversität in Hagen, rechtswissenschaftliche Fakultät. (2007). Kommunikation-Grundlage mediativer Verfahren. *Studienskript Master of Mediation der Fernuniversität in Hagen, Kursnummer, 2,* 71058.
Moore, C. W. (2014). *The mediation process. Practical strategies for resolving conflict* (4. Aufl.). San Francisco: Jossey-Bass.
Morris, M. W., & Keltner, D. (2000). How emotions work: The social functions of emotional expression in negotiations. *Research in Organizational Behavior, 22,* 1–50. https://doi.org/10.1016/S0191-3085(00)22002-9.
Mueller, C. W., Wallace, J. E., & Price, J. L. (1992). Employee commitment. *Work and Occupations, 19*(3), 211–236. https://doi.org/10.1177/0730888492019003001.
Newcomb, T. M. (1953). An approach to the study of communicative acts. *Psychological Review, 60*(6), 393–404. https://doi.org/10.1037/h0063098.
Potworowski, G., & Kopelman, S. (2008). Strategic display and response to emotions: Developing evidence-based Negotiation Expertise in Emotion Management (NEEM). *Negotiation and Conflict Management Research, 1*(4), 333–352. https://doi.org/10.1111/j.1750-4716.2008.00020.x.
Pruitt, D. G., & Syna, H. (1985). Mismatching the opponent's offers in negotiation. *Journal of Experimental Social Psychology, 21*(2), 103–113. https://doi.org/10.1016/0022-1031(85)90009-5.
Putnam, L. L. (1994). Challenging the assumptions of traditional approaches to negotiation. *Negot J, 10*(4), 337–346. https://doi.org/10.1111/j.1571-9979.1994.tb00033.x.
Redlich, A. (Hrsg.) (2009). Konflikt-Moderation in Gruppen. Eine Handlungsstrategie mit zahlreichen Fallbeispielen und Lehrfilm auf DVD: [mit Lehrfilm auf DVD (7. Aufl.,

erweiterte Neuauflage). Hamburg: Windmühle (Moderation in der Praxis, 2). http://www.socialnet.de/rezensionen/isbn.php?isbn=978-3-937444-18-5.

Robert, A., & Bush, B. (1989). Efficiency and protection, or empowerment and recognition?: The mediator's role and ethical standards in mediation. *Scholarly Commons at Hofstra Law, 41,* 253–286.

Rogers, E. M., & Singhal, A. (2003). Empowerment and communication: Lessons learned from organizing for social change. *Annals of the International Communication Association, 27*(1), 67–85. https://doi.org/10.1080/23808985.2003.11679022.

Russell, J. A., & Barrett, L. F. (1999). Core affect, prototypical emotional episodes, and other things called emotion: Dissecting the elephant. *Journal of Personality and Social Psychology, 76*(5), 805–819. https://doi.org/10.1037/0022-3514.76.5.805.

von Scheve, C. (2013). Theodore D. Kemper: A social interactional theory of emotions. In K. Senge & R. Schützeichel (Hrsg.), *Hauptwerke der Emotionssoziologie* (S. 194–200). Wiesbaden: Springer Fachmedien Wiesbaden.

Schienker, B. R., Dlugolecki, D. W., & Doherty, K. (1994). The impact of self-presentations on self-appraisals and behavior: The power of public commitment. *Personality and Social Psychology Bulletin, 20*(1), 20–33. https://doi.org/10.1177/0146167294201002.

Schreier, L. S. (2002). Emotional intelligence and mediation training. *Conflict Resolution Quarterly, 20*(1), 99–119. https://doi.org/10.1002/crq.13.

Schroth, H. A. (2008). Some like it hot: Teaching strategies for managing tactical versus genuine anger in negotiations. *Negotiation and Conflict Management Research, 1*(4), 315–332. https://doi.org/10.1111/j.1750-4716.2008.00019.x.

Shapiro, D. L. (2010). Relational identity theory: A systematic approach for transforming the emotional dimension of conflict. *The American psychologist, 65*(7), 634–645. https://doi.org/10.1037/a0020004.

Silbey, S. S., & Merry, S. E. (1986). Mediator settlement strategies. *Law & Policy, 8*(1), 7–32. https://doi.org/10.1111/j.1467-9930.1986.tb00368.x.

Singer, L. R. (1990). *Settling disputes. Conflict resolution in business, families, and the legal system.* Boulder: Westview Press.

Speer, P. W. (2000). Intrapersonal and interactional empowerment: Implications for theory. *Journal of Community Psychology, 28*(1), 51–61. https://doi.org/10.1002/(SICI)1520-6629(200001)28:1<51::AID-JCOP6>3.3.CO;2-Y.

Steinel, W., van Kleef, G. A., & Harinck, F. (2008). Are you talking to me?! Separating the people from the problem when expressing emotions in negotiation. *Journal of Experimental Social Psychology, 44*(2), 362–369. https://doi.org/10.1016/j.jesp.2006.12.002.

Stinglhamber, F., Bentein, K., & Vandenberghe, C. (2002). Extension of the three-component model of commitment to Five Foci. *European Journal of Psychological Assessment, 18*(2), 123–138. https://doi.org/10.1027//1015-5759.18.2.123.

Stulberg, J. B. (1987). *Taking charge/managing conflict* (1. Aufl.). Lexington Mass: Lexington Books.

Thomann, C., Stegemann, W. (2012). Konflikte im Beruf. Methoden und Modelle klärender Gespräche (5. Aufl.). Reinbek bei Hamburg: Rowohlt-Taschenbuch-Verl (rororo Miteinander Reden, 61637). http://www.socialnet.de/rezensionen/isbn.php?isbn=978-3-499-61637-2.

Tjosvold, D., & van de Vliert, E. (1994). Applying cooperative and competitive conflict theory to mediation. *Mediation Quarterly, 11*(4), 303–311. https://doi.org/10.1002/crq.3900110403.

van Kleef, G. A., de Dreu, C. K. W., & Manstead, A. S. R. (2004). The interpersonal effects of anger and happiness in negotiations. *Journal of Personality and Social Psychology, 86*(1), 57–76. https://doi.org/10.1037/0022-3514.86.1.57.

Wallerstein, N. (1999). Power between evaluator and community: Research relationships within New Mexico's healthier communities. *Social Science and Medicine, 49*(1), 39–53. https://doi.org/10.1016/S0277-9536(99)00073-8.

Weber, M., Weber, M., & v Winckelmann, J. (Hrsg.). (1980). *Wirtschaft und Gesellschaft. Grundriss der verstehenden Soziologie. Studienausgabe* (fünfte, revidierte Aufl.). Tübingen: J.C.B. Mohr. (Paul Siebeck).

Weiler, E., & Schlickum, G. (2012). *Praxisbuch Mediation. Falldokumentation und Methodik zur Konfliktlösung* (2., erweiterte u. überarbeitete Aufl.). München: Beck.

Widmer, S. (2002). *Ins Herz der Dinge lauschen. Vom Erwachen der Liebe; über MDMA und LSD: die unerwünschte Psychotherapie* (5. Aufl.). Solothurn: Nachtschatten-Verl.

Zariski, A. (2010). A theory matrix for mediators. *Negotiation Journal, 26*(2), 203–235. https://doi.org/10.1111/j.1571-9979.2010.00269.x.

Zimmerman, M. A. (1995). Psychological empowerment: Issues and illustrations. *American Journal of Community Psychology, 23*(5), 581–599.

Zusammenfassung 4

Handlungsempfehlungen
Es hat sich gezeigt, dass selbst kleinste Veränderungen in der Kommunikation einer Verhandlung oder Mediation unterschiedliche Auswirkungen haben. Diese Erkenntnis ist bedeutend für die Übertragung auf die Praxis: Wir müssen davon ausgehen, dass auch in einem Verhandlungs- und Mediationskontext Kommentare, der Ausdruck von Gefühlen und die Art und Weise, wie der Mediator die Verhandlung führt, unterschiedliche Effekte haben.

Es wird deutlich, dass sich ein Commitment zu Beginn des Mediationsprozesses positiv auf das eigene Befinden, die Wahrnehmung des Verhandlungspartners sowie die Einigungsqualität auswirken kann – vor allem dann, wenn das Commitment selbst formuliert wurde. Die daraus abgeleitete Handlungsempfehlung ist, in der ersten Phase einer Mediation vor Beginn der Verhandlung aktiv ein Commitment beider Probanden einzufordern. Als Regel gilt: Je überlegter, klarer und direkter, desto größer der Effekt des Commitment. Denn je mehr Mühe oder Überwindung ein Commitment kostet, desto stärker verankert sich der Effekt der Konsistenz und desto überzeugender ist für den anderen das Signal der Kooperationsbereitschaft, welches wiederum im besten Fall Reziprozität auslöst.

Ausgehend von den Befunden dieser Arbeit ergibt sich bei dem Forschungsthema Empowerment folgende Praxisempfehlung: Es ist achtsam mit dem Empowerment in der Mediation umzugehen. Nicht um jeden Preis, so scheint es, führt das Empowerment zum gewünschten Resultat. V. a. in Mediationen, in denen es vornehmlich um die Einigungsqualität geht (z. B. Mediation zwischen Unternehmen), scheint die Technik des Empowerment nicht uneingeschränkt förderlich. Zu groß ist die Gefahr, dass sich die Parteien in der guten und motivierenden Atmosphäre des verbalen Empowerment zurücklehnen und sich in ihrer zurückhaltenden Kooperation z. B. bestätigt fühlen. Bei der fehlenden wissenschaftlichen Evidenz der Wirkung von Empowerment sind ein reflektierter Umgang und eine bewusste Dosierung erforderlich. Das Bewusstsein dafür, dass Empowerment kein Allheilmittel ist und dass viele Autoren und Mediatoren mit dem Begriff Unterschiedliches meinen, könnte einen eigenen „Definitionsprozess" bei den Anwendern anregen.

In den Versuchen zu den Emotionen Ärger und Zuversicht haben sich bei der Gegenüberstellung der Wirkungen eklatante Unterschiede gezeigt. Wir haben in diesem Versuch gesehen, dass nur vier „ärgerliche" bzw. „zuversichtliche" Sätze in einer gesamten Verhandlung deutliche Wirkung entfalten. Die Rolle der Emotionen in einer Mediation zu verstehen und diese per se nicht zu ignorieren oder zu unterdrücken, ist eine erste, sehr allgemeine Handlungsempfehlung. Mit diesem Wissen über die deutliche Wirkung von Emotionen muss der Mediator gut abwägen, wie er mit ärgerlichen Kommentaren umgeht (auch beiläufig oder am Rande formulierte). Eine konkrete Empfehlung zum Umgang mit negativen Emotionen ist, den Akteuren in bilateralen Vorgesprächen die Möglichkeit zu geben, Ärger abzuladen.

Zuversicht eines Verhandlungspartners ist auf den ersten Blick willkommen in einer Mediation: Sie suggeriert Kooperation, nimmt Spannung heraus und stellt Harmonie her. Es ist jedoch die Aufgabe des Mediators, sich genau an diesen Stellen nicht zufrieden zurückzulehnen, sondern kritisch zu überprüfen, ob die geäußerte Zuversicht sich auch in einem thematischen Aufeinanderzubewegen zeigt oder sogar eine Manipulationsmethode darstellt. Dieser Versuch hat auch gezeigt, wie sehr sich Versuchspersonen wohlfühlen und zuversichtlich sind, wenn der andere dieses Gefühl verbalisiert. Wenn der Mediator die Gelegenheit hat, positive Emotionen und Zuversicht bei den Parteien zu erkennen, empfiehlt es sich, diese aufzugreifen, aktiv nachzufragen und sie zu reformulieren, um einen positiven Boden für weitere Gespräche zu bereiten. Dafür gibt es mehrere Techniken und Methoden.

Die Probanden dieser Gruppe haben ihre Kommunikation mit der des Mediators synchronisiert (dies ist an der Verwendung von Emoticons zu beobachten). Übertragen auf den Mediationskontext bedeutet dies, dass die Art und Weise, wie der Mediator Emotionen benennt oder beschreibt, von den Medianten unbewusst übernommen wird. Schafft es der Mediator, Gefühle gut (vielleicht sogar bildlich) zu beschreiben bzw. dieses Bild der Emotionen durch Nachfragen und Interventionen zu erzeugen, dann hilft das den Medianten ebenfalls, ihre Emotionen auszudrücken.

Beim Umgang mit Kritik ist entscheidend, wie sie eingesetzt wird: Ist eine kritische Bemerkung in einem aktiven Mediationsstil als bewusste Zäsur, als moderative Technik (z. B. paradoxe Intervention) bewusst platziert, um eine ungute Dynamik zu durchbrechen, dann ist es wichtig, dass dieser Einwurf auch seinen Zweck erfüllt und als Intervention von den Medianten „erkannt" wird. Ist dies nicht der Fall, dann bleibt sie am Raum stehen als ein Urteil ohne Konsequenzen. Dies könnte zu einer Machtverschiebung führen und eine Unsicherheit der Beteiligten auslösen. Deshalb ist die Empfehlung, nicht prinzipiell auf Kritik als strategische Moderationstechnik z. B. in festgefahrenen Dynamiken zu verzichten. Diese ist jedoch platziert, deutlich und zielgerichtet anzubringen.

Die Reflexion des Mediators und das Wissen darüber, dass verschiedene Bedingungen, Handlungen und Konstellationen Effekte haben, die die Medianten und das Ergebnis beeinflussen, sind elementar. Dieses Bewusstsein verhindert eine romantisierende Verklärung des Verfahrens „Mediation" und ist ein Schritt in die Richtung, Konfliktklärungen reflektiert und bewusst zu moderieren, um alle Beteiligten vor Manipulationen bestmöglich zu schützen.

Oder wie Zariski zusammenfasst:

> „Es ist eine romantische Vorstellung, dass gute Mediatoren geboren und nicht gemacht werden, dass sie eine überlegene Intuition und einzigartige angeborene persönliche Qualitäten haben, die nicht gelehrt werden können. Anstatt auf Intuition zu warten, vorgeschriebenen Schritten zu folgen oder die Volksweisheit des Feldes zu wiederholen, sollten Mediatoren nach einer Theorie suchen, die Sinn für menschliches Verhalten im Konflikt macht und Gründe für eine Intervention liefert. Explizite und anfechtbare Theorie ist das Herzstück der Expertise. Theorie ist wirklich nützlich in der Praxis". (Zariski 2010, S. 207) [1]

---

[1]Zariski, Archie (2010): A Theory Matrix for Mediators. In: *Negotiation Journal* 26 (2), S. 203–235. DOI: 10.1111/j.1571-9979.2010.00269.x.

Anhang: Nützliches Material für die Praxis

Die Phasen der Mediation

Gerade am Anfang der Mediationspraxis ist es hilfreich, einen kleinen Spickzettel mit den Phasen der Mediation und den darin relevanten Fragestellungen zu haben. Eine Mediation läuft nicht zwangsläufig nach diesem Schema ab. Jeder Konflikt ist anders und die Dynamik der Gespräche variieren. Dennoch helfen diese kleine Mediationszettel uns zu fokussieren. Einige meiner Kollegen und vor allem neu ausgebildete Mediatoren/innen nutzen diese Vorlage, um sich kurz vor einer Sitzung nochmals ins Gedächtnis zu rufen, was in diesem Moment der Mediation wichtig ist. Dieser Fokus hilft, eine Mediationssitzung zu strukturieren. Im Eifer des Gefechts springen Parteien z. B. häufig direkt von den Positionen zu Lösungsideen. Das passiert manchmal in der Euphorie des Moments. Wenn sich nach einem langen Konflikt ein Fenster des gegenseitigen Verständnisses öffnet, kann das dazu führen, dass eine Partei bereits zu einem sehr frühen Zeitpunkt lieber in Lösungen denken möchte, als weiter am Konflikt zu arbeiten. Oder aber es werden schon früh Lösungen präsentiert, die von einer Partei zu Hause am Reisbrett entworfen wurden und jetzt unbedingt und möglichst schnell durchgesetzt werden sollen. Unabhängig von der Motivation, empfiehlt es sich als Mediatorin an dieser Stelle achtsam zu sein und sich nicht mitreißen zu lassen, von einer vermeintlich schnellen Vereinbarung. Das Herz eines Mediationsverfahrens ist die Beleuchtung und Bearbeitung der Interessen. Wenn dies nicht gründlich geschieht, kann kaum gegenseitiges Verständnis und Empathie aufgebaut werden und die präsentierten Lösungen sind möglicherweise nicht nachhaltig und in aller Sinne. In einer solchen Situation lohnt sich als Prozessleiter ein Blick in die Karten, als Erinnerung an einen idealtypischen Ablauf. Es ist natürlich, dass Verfahren mal in Zick Zack, mal in Spiralmustern ablaufen, wichtig ist nur, dass die entscheidenden Etappen angesteuert werden.

Wir haben die Mediations-Spicker für unserer Mediationsausbildung entworfen[1]. Sie sind auch als Download auf https://link.springer.com/book/10.1007/ISBN zum selbst ausdrucken verfügbar.

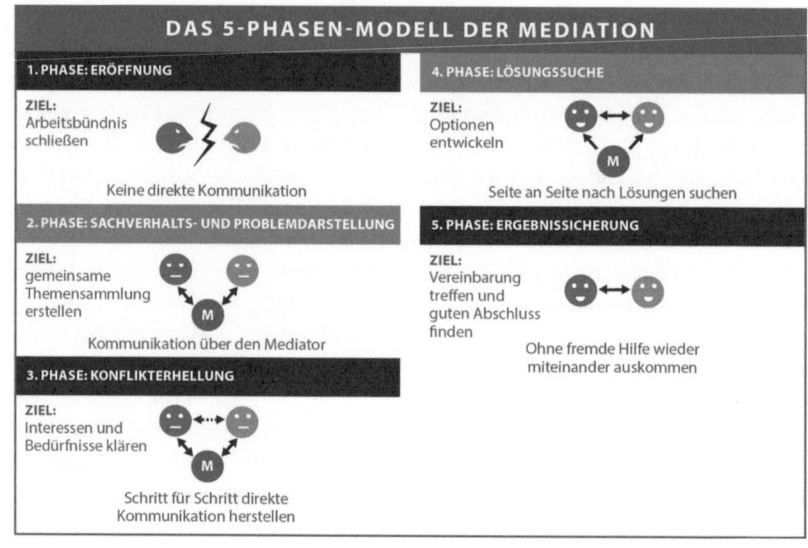

---

[1]Dr. Imke Wulfmeyer und Dr. Andrea Hartmann-Piraudeau haben die Karten für die Mediationsausbildung am Consensus Campus (www.consensus-campus.de) zusammengestellt.

Anhang: Nützliches Material für die Praxis 79

PHASE 1: ERÖFFNUNG

- Sich gegenseitig bekannt machen und Vertrauen aufbauen
- Rolle der Mediatorin erklären
- Für diesen Kontext relevante Grundsätze der Mediation erklären
- Ablauf und Rahmenbedingungen besprechen
- Commitment der Medianten erarbeiten und festhalten
- Ggfs. Mediationsvertrag mit Rechten und Pflichten der Beteiligten unterzeichnen (falls nicht im Vorfeld geschehen)

- **Ziel:** Arbeitsbündnis schließen

- **Methoden:** Vertrauensvolles Ambiente schaffen. Medianten durch eigene Professionalität Sicherheit geben. Nervosität der Beteiligten abbauen u.a. durch an deren Tempo angepasste Kommunikation.

PHASE 2: SACHVERHALTS- UND PROBLEMDARSTELLUNG

- Darstellung des Konflikts. Jede Partei kommt zu Wort und wird nicht unterbrochen (Frage: Warum sind Sie hier?)
- Herausarbeiten der Themen jeder Partei
- Visualisierung der Themen möglichst bewertungsfrei mit neutralem Titel
- Priorisierung der Themen und Entwicklung einer gemeinsamen Themenliste

- **Ziel:** Gemeinsame Themensammlung erstellen

- **Methoden:** Offene Fragen, aktives Zuhören, zusammenfassen, ggfs. Formulierungshilfe (neutralisieren) und visualisieren

PHASE 3: KONFLIKTERHELLUNG

- Aus den Positionen die Interessen und Bedürfnisse herausarbeiten
- Dabei nacheinander jeden Medianten fragen, worum es ihm bei den Themen genau geht, was ihm dabei wichtig ist
- Medianten schrittweise miteinander ins Gespräch bringe und Interessensabgleich vornehmen
- Gemeinsame Bezugspunkte identifizieren
- Auf Emotionen eingehen und gegenseitige Empathie schrittweise herstellen

- **Ziel:** Interessen und Bedürfnisse klären

- **Methoden:** Offene Fragen, aktives Zuhören, Reframing, Doppeln, Emotionen ansprechen, auf dem Flipchart visualisieren

PHASE 4: LÖSUNGSSUCHE

- Freisetzung von Kreativität
- Lösungsoptionen suchen
- Diskutieren der Lösungsoptionen anhand von Fairnesskriterien
- Vor- und Nachteile abwägen, bewerten
- Lösungsideen nach Beliebtheit ordnen
- Nach Konsens suchen

- **Ziel:** Optionen entwickeln

- **Sammeln:** Brainstorming, Mindmap, Kopfstandmethode
- **Bearbeiten:** Einigung auf Fairnesskriterien, rationales Verhandeln, Perspektivwechsel

Anhang: Nützliches Material für die Praxis 81

PHASE 5: ERGEBNISSICHERUNG

- Vorläufige Vereinbarung zu jedem Thema aushandeln
- Gesamtpaket schnüren und auf Ausgewogenheit überprüfen
- Form der Vereinbarung vereinbaren (mündliche Absprache, Protokoll, Memorandum, Vertrag usw.)
- Abschluss und Frieden schließen (ggfs. Abschieds-/Einigungsritual)

- **Ziel:** Vereinbarung treffen und guten Abschluss finden

- **Methoden:** Organisatorische, finanzielle und rechtliche Machbarkeit prüfen, SMART-check, Bedenkzeit geben, Würdigung des Einsatzes der Medianten und des Ergebnisses, Feedback einholen, aktiv zum Friedenschließen auffordern (Hände geben, Essen gehen, eigens Ritual entwickeln)

Ich verwende die Mediations-Spicker in der Selbstreflexion nach einem Prozess, um mir das Prozessmuster nochmals vor Augen zu führen. Manche Medianten und Konflikte verlangen eine strenge Struktur, andere brauchen den Raum und weniger Steuerung. Es hat ein paar Jahre Erfahrung gedauert, bis ich mich von den Phasen im zeitlichen Ablauf trennen konnte und mich an das Tempo und die Bedürfnisse der Medianten anpassen konnte. Je freier die Prozesse werden, desto wichtiger ist für mich die Selbstreflexion geworden und die Überprüfung der Erreichung der Meilensteine. Diese sind für mich:

- Sind die richtigen Beteiligten am Tisch? (fehlt evtl. ein wichtiger Konfliktpartner?)
- Sind alle Themen auf dem Tisch?
- Konnte jeder Beteiligte seinen Standpunkt ungestört erläutern?
- Wurden die Interessen und Bedürfnisse aller herausgearbeitet und formuliert?
- Wurden die Interessen gegenseitig gehört und verstanden?
- Konnte ein Verständnis oder gar Empathie hergestellt werden?
- Wurden Emotionen geäußert und verstanden?

- Waren dabei möglichst wenige Manipulationen im Spiel? (man wird nicht jede Manipulation erkennen und besprechen können)
- Wurden Lösungsmöglichkeiten ausreichend diskutiert und verhandelt?
- Sind die Lösungen für alle Parteien gut annehmbar und realistisch?
- Gibt es ein gemeinsames Verständnis für die Dokumentation der Lösung?
- Haben die Parteien „Frieden" geschlossen? (Können sie sich in die Augen schauen? Haben sie sich die Hand gegeben? Gab es Entschuldigungen? Etc.)

Diese Meilensteine müssen nicht nach der hier aufgeführten Reihenfolge erreicht werden. So kann z. B. ein Konfliktbeteiligter auch erst im Laufe des Verfahrens hinzukommen oder Interessen nur schrittweise formuliert, gehört und verstanden werden. Wichtig ist mir in meiner Praxis, diese nicht aus dem Auge zu verlieren und immer wieder darauf zurückzukommen. Wenn ich den Eindruck bekomme, dass Themen fehlen, das Vertrauen (noch) nicht ausreicht, um Bedürfnisse zu äußern oder die Interessen nicht verstanden wurden, dann komme ich im Prozess darauf zurück. Dabei gibt es mehrere Techniken. Mediatoren können so lange in den Phasen verweilen, bis sie das Gefühl haben, die Themen und Interessen sind ausreichend erhellt. Mit Fragen und anderen Kommunikationstechniken vertieft sich das Gespräch Schritt für Schritt. Oder man kann im Zick-Zack Kurs oder in Spiralen vorgehen. Auch wenn noch nicht alles Gesagt zu sein scheint zu einem Thema, lässt man das Gespräch zu einem anderen Punkt springen. Wenn Medianten z. B. schon früh Lösungen äußern, nimmt man diese auf (ich lege dafür einen Lösungs-Speicher an- das ist ein Flipchart, wo alles notiert wird, was später relevant sein könnte). Bei diesem Vorgehen erinnert man die Medianten nicht, dass sie jetzt in dieser und jener Phase sind und erlaubt Gedankensprünge. Jedoch achtet man als Mediator darauf, immer wieder dahin zurückzukommen, wo noch etwas vertieft werden sollte, weil es noch nicht verstanden wurde. Dieses Vorgehen verlangt eine hohe Konzentration und Gelassenheit, auch über Prozess-Umwege ans Ziel zu kommen. Es ist der eigenen Mediationsstil, der sich nach und nach etabliert. Wir hören häufig in der Ausbildung die Sorge und den damit verbundenen Stress von Mediationsanfänger, in einer Mediation plötzlich nicht mehr alle relevanten Phasen und Handlungsempfehlungen parat zu haben. Aus meiner Erfahrung hilft es, sich in einer solchen Situation zu vergegenwärtigen, dass die Medianten den Ablauf nicht kennen, sie lassen sich im Prozess mal mehr mal weniger leiten und sind auf die Lösung Ihres Konflikts und die Interaktion konzentriert. Es ist weder schlimm, noch fällt es den Beteiligten auf, wenn der Mediator etwas im Ablauf (den nur er kennt) vergisst, auslässt oder vertauscht. Entscheidender als ein Ablauf nach dem Lehrbuch ist die Haltung des Mediators.

Anhang: Nützliches Material für die Praxis

Die Prinzipien der Mediation - die eigene Haltung

Die Haltung der Mediatorin wird u. a. geprägt von deren individuellen Gewichtung der Prinzipien der Mediation.
Unter den Prinzipien der Mediation werden gemeinhin diese Verstanden. (s. Kapitel Mediation)

Je nachdem wo der eigene Fokus liegt, ergeben sich unterschiedliche Mediationsstile. In der transformativen Mediation liegt der Schwerpunkt der Mediatoren auf der Selbstbestimmung der Parteien. Das ist bei diesem Ansatz das wichtigste Prinzip. Die Medianten bestimmen den Prozess und die Gespräche, der Mediator nimmt eine zurückhaltende Rolle ein. Er ist Resonanzkörper, seine Konzentration liegt darauf, was die Parteien für Ihren Konflikt entscheiden. In anderen Mediationsansätzen (wie beim facilitativen Ansatz) sind die Parteinebenfalls selbstbestimmt in Ihrer Lösungsfindung, jedoch strukturiert der Mediator hier aktiver den Prozess. In der Regel orientiert der Konfliktklärer sich hierbei an dem 5-Phasen-Modell. Für andere Kolleginnen ist das Prinzip der Allparteilichkeit von oberster Priorität- Reflektionen hierzu beziehen sich auf die eigene Neutralität und den Ausgleich von Machtunterschieden. Ich empfehle allen Mediatoren in regelmäßigen Abständen, die eigene Haltung und Werte die Mediation betreffen zu reflektieren. Ein Gedankenweg kann entlang der Prinzipien erfolgen. Es bietet sich an, folgende Fragen für sich zu beantworten.

- Welches Prinzip ist besonders wichtig für mich?
- Was genau bedeutet es für mich?
- Warum ist genau dieses so wichtig?
- Wie beeinflusst es mein Verhältnis zu den Medianten?
- In welchen Techniken und Interventionen spielt es eine Rolle?
- In welchen Situationen in meinen Letzten Mediationen, war es besonders präsent?
- In welchen Momenten, fällt es mir schwer danach zu handeln, was tue ich dann?

- Welches der Prinzipien ist für mich am wenigsten wichtig?
- Was genau bedeutet es für mich?
- Warum ist genau dieses nicht so wichtig?
- In welchen Situationen spielt es eine Rolle?
- In welchen Momenten, fällt es mir schwer danach zu handeln, was tue ich dann?

Konfliktstufen nach Friedrich Glasl

Die Konfliktstufen veranschaulichen ein Eskalationsmuster von Konflikten. Dieses Modell hilft, die Konflikte-Stärke besser einzuschätzen und die geeignetste Klärungsmethoden auszuwählen.

ESKALATIONSSTUFEN UND INTERVENTIONEN (NACH FRIEDRICH GLASL)

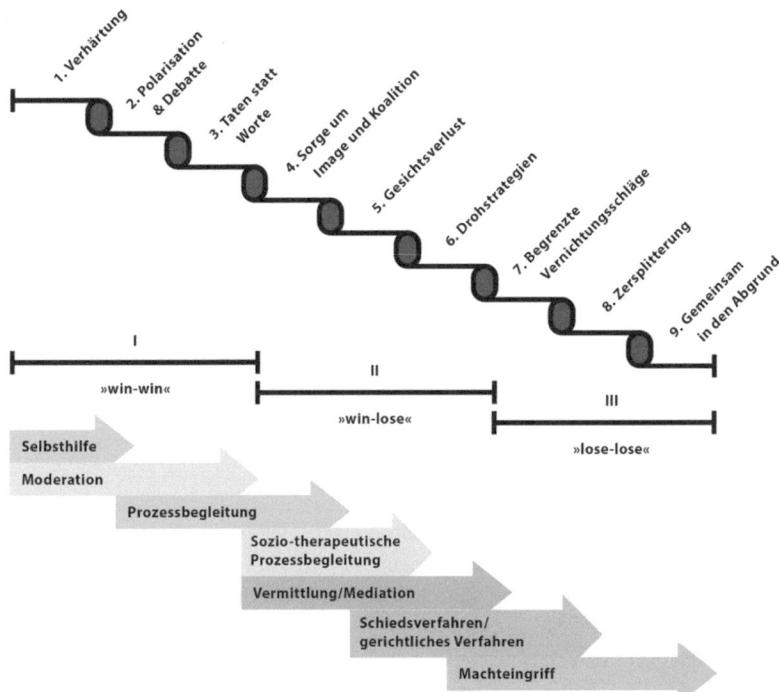

Zusammengefasst lässt sich die Dynamik der Stufen wie folgt beschreiben:
1. Verhärtung:
   Die Konfliktparteien nehmen gelegentliche Spannungen wahr; ein Gespräch kann die Spannungen noch lösen. Es gibt noch keine Lagerbildung. Die Kooperation ist (noch) größer als die Konkurrenz.
2. Debatte, Polemik:
   Harte verbale Debatten zur Durchsetzung der Standpunkte sind möglich. Es setzt eine Polarisierung im Denken, Fühlen und Handeln ein. Kämpfe um Überlegenheit beginnen. Der Ton verschärft sich. Der Konflikt kann durch Verhandlungsgeschick gelöst werden.

3. Taten statt Worte:
   Die Konfliktparteien sehen keine Möglichkeit mehr, verbal zu überzeugen, stattdessen werden nonverbale Signale eingesetzt. Eine Konfliktlösung aus eigener Kraft wird schwieriger. Konkurrenz ist größer als Kooperation. Parteien stellen sich vor vollendete Tatsachen und meiden direkte Kommunikation. Das Einfühlungsvermögen geht verloren
4. Images/Koalitionen:
   Die Konfliktpartner werben Anhänger für ihre Positionen. Koalitionen werden gebildet; das Image der Konfliktgegner wird aktiv verschlechtert. Parteien schreiben sich gegenseitig negative Rollen zu. Selbsterfüllende Prophezeiungen entstehen durch Klischees und Bilder, die dem anderen zugeschrieben werden.
5. Gesichtsverlust:
   Öffentliche und direkte persönliche Angriffe werden gemacht. Mit dem verschlechterten Image des Kontrahenten wird in der Öffentlichkeit der Gesichtsverlust bewirkt. Es wird ideologisch gedacht und um Prinzipien gestritten. Nun hat der Konflikt eine solche Dynamik entwickelt, dass ein Zurück oder Kompromiss unmöglich ist. Nur ein außenstehender Konfliktexperte (z. B. ein Mediator) kann helfen, den Konflikt zu klären.
6. Drohstrategien:
   Auf Drohstrategien folgen Gegendrohungen. Diese Reaktion und Gegenreaktion manövriert die Beteiligten in Handlungszwang. Es erfolgt der Verlust der Initiative. Reaktion statt Aktion bestimmt das Geschehen. Ultimaten werden gestellt und es kann zu Erpressungen kommen.
7. Begrenzte Vernichtungsschläge:
   Durch eine Feindbildverschärfung wird der Kontrahent als zu schädigendes Objekt angesehen. Der eigene Schaden wird dabei in Kauf genommen. Die Empathie ist verloren gegangen. Anfängliche Konfliktinteressen werden nicht mehr verfolgt. Relativ kleiner Schaden wird als „Gewinn" betrachtet.
8. Zersplitterung/ Zerstörung:
   Die Vernichtungsaktionen werden heftiger; die Existenzgrundlage des Kontrahenten soll vernichtet und dieser entmachtet werden. Zerstörung des Kontrahenten ist das Ziel (wirtschaftlich und /oder seelisch und/oder sozial). Nur ein Machteinfluss von außen kann den Konflikt stoppen.

9. Gemeinsam in den Abgrund:
Auf dieser Stufe kommt es zur totalen Konfrontation. Die Parteien akzeptieren ihre eigene Zerstörung, damit der Kontrahent möglichst großen Schaden nimmt. Es gibt keinen Weg mehr zurück. Die Bereitschaft existiert mit dem eigenen Untergang auch das Umfeld zu schädigen. Nur ein Machteigriff bzw. die Trennung der Kontrahenten kann den größten Schaden abwenden.

Das Harvard Konzept- Leitlinie der rationalen Verhandlung

Eine konzeptionelle Grundlage der Mediation ist die Verhandlungstaktik des Harvard-Konzepts. Es ist auch als Muster für rationales Verhandeln bekannt. Bei Aushandlungsprozessen während der Mediation (z. B. über unterschiedliche Lösungen) und auch bei Verhandlungen ohne belastenden Konfliktstruktur, ist das Wissen über die Prinzipien und den Ablauf dieses Modells hilfreich. Ausgangspunkt der Entwicklung war die Fragestellung Roger Fishers (einer der Autoren) „Welche Ratschläge könnte ich **beiden** Parteien während ihrer Verhandlung geben?"
Vier Prinzipien des Harvard Konzepts

1. **Menschen und Probleme getrennt voneinander behandeln.** Dieses Prinzip wird häufig unter dem Motto: „Hart in der Sache- weich zu den Menschen" zusammengefasst. Jeder Verhandlungspartner hat zwei Grundinteressen: den Verhandlungsgegenstand und die persönliche Beziehung. Die Grundinteressen vermischen sich: persönliche Beziehung und Sachprobleme kollidieren. Deshalb empfiehlt es sich, soweit es geht, die beiden Ebenen voneinander zu trennen. Problem angehen und nicht die Menschen.
2. **Auf Interessen konzentrieren, nicht auf Positionen** Interessen sind mit Bedürfnissen verbunden. Hinter jedem Verhandlungspunkt, der in der Regel als Forderung formuliert wird, stehen Interessen. Die Forderung ist die Position. Allein diese erklärt jedoch nicht, warum der Verhandlungspartner genau dieses oder jenes anstrebt. Je besser und verständlicher die Frage nach dem „Warum", was hinter der Position steht, beantwortet wird, desto besser kann gegenseitiges Verständnis entstehen.

3. **Entwicklung von Entscheidungsmöglichkeiten zum beiderseitigen Vorteil**
Um vorschnelle und vorgefertigte Lösungen zu vermeiden, ist die Empfehlung das Finden von Lösungsoptionen und das Beurteilen dieser Optionen zu trennen. In diesem Schritt werden Vorteile für beide Seiten gesucht und in einem (kreativen) Prozess (z. B. Brainstorming) gesammelt. Die Lösungsoptionen basieren auf den zuvor gefundenen Interessen.

4. **Auf der Anwendung neutraler Beurteilungskriterien bestehen** Die gefundenen Lösungsoptionen werden anhand objektiver Kriterien bewertet, um zu verhindern, dass Lösungen durch gegenseitigen Druck entstanden sind oder unrealistische Ziele beinhalten. Zu den objektiven Kriterien gehören u. a. die objektive Ermittlung von Preisen, Überprüfung der gesetzlichen Legitimität.

Commitment – Vertrag

Eine mögliche Form ein gegenseitiges Commitment der Medianten zu Beginn der Mediation auszulösen ist ein Mediationsvertrag. Damit ist nicht der klassische Mediationsvertrag gemeint, der Honorarvereinbarungen und weitere Rechte und Pflichten der Beteiligten regelt, sondern ein Vertrag, in dem es darum geht, mit dem Konfliktpartner die Zusammenarbeit im Konflikt zu regeln. Je mehr dabei selbst gestaltet wird von den Konfliktparteien, desto stärker wirkt das psychologische Prinzip der Konsistenz: die Beteiligten versuchen sich daran zu halten, was sie sich in einer Phase, in der der Konflikt noch sehr akut und unbearbeitet ist, gegenseitig zugestanden haben.

Ein Vertrag könnte folgendes Format haben. Auf den gestrichelten Linien formulieren die beiden Parteien ihre Gedanken.

Anhang: Nützliches Material für die Praxis

WIR

.... & ....

vereinbaren für die Mediation unseres Konflikts

....
(Name des Konflikts)

dass wir

.... mit einander umgehen möchten.

Ich .... kann folgendes tun/lassen, dass wir dieses Ziel erreichen:

....

Ich .... kann folgendes tun/lassen, dass wir dieses Ziel erreichen:

....

Unterschriften beider

....

Je nach Eskalationsgrad, können die Konfliktpartner den Vertrag von vorne herein gemeinsam gestalten oder jeder überlegt für sich und präsentiert den Anwesenden seine Überlegungen. Der Mediator fasst in diesem Fall die beiden Aussagen auf einem gemeinsamen Dokument zusammen. Dieses wird für alle sichtbar im Raum aufgehängt. Je schöner und liebevoller dieser Vertrag gestaltet ist, desto wertvoller wird diese erste Errungenschaft von den Medianten bewertet. Meine Vorlage eines solchen Vertrags stelle ich im Downloadbereich zur Verfügung. Ich drucke ihn auf hochwertigem Papier aus und hänge ihn in einen dafür vorgesehenen Rahmen an der Wand. Im Mediationsverfahren passiert es häufig, dass die Medianten darauf zurückkommen. Sich gegenseitig an das Niedergeschriebene erinnern oder selbst erkennen, wenn sie sich nicht daranhalten.

Viele meiner Medianten nehmen den Vertrag als Erinnerung mit nach Hause.

In einer Teammediation wurden zu Beginn Commitments formuliert: vertrauensvoller Umgang, wertschätzender Ton und Geduld gegenüber allen Kollegen. Nach der Klärung ihres Konflikts hängte das Team diesen Vertrag im Büro auf und berichteten mir später, dass sie immer wieder darauf zeigen, wenn der Ton rauer wird. Durch den Mediations-Prozess haben sie ein gemeinsames Verständnis für die gegenseitigen Bedürfnisse entwickelt. Wenn nun einer der Kollegen auf das Papier an der Wand zeigt, muss gar nicht mehr viel dazu erklärt werden- alle erinnern sich an die damals gefundenen Lösungen, an das damals gefundene Verständnis und an die Fähigkeit des Teams seine Konflikte selbstbestimmt zu klären. So wurde aus einem Commitment der Klärung eines alten Konflikts, eine gemeinsame Achtsamkeit im Umgang miteinander und dadurch ein Schutz der Eskalation neuer Konflikte.

MIX
Papier aus verantwortungsvollen Quellen
Paper from responsible sources
FSC® C105338

If you have any concerns about our products,
you can contact us on
ProductSafety@springernature.com

In case Publisher is established outside the EU,
the EU authorized representative is:
**Springer Nature Customer Service Center GmbH
Europaplatz 3, 69115 Heidelberg, Germany**

Printed by Libri Plureos GmbH
in Hamburg, Germany